KB010605

실무자들이 궁금해하는

무역 실무 A to Z

실무자들이 궁금해하는

무역 실무 A to Z

펴 낸 날	2023년 03월 16일
지 은 이	장재환
펴 낸 이	이기성
편집팀장	이윤숙
기획편집	서해주, 윤가영, 이지희
표지디자인	서해주
책임마케팅	강보현, 김성욱
펴 낸 곳	도서출판 생각나눔
출판등록	제 2018-000288호
주 소	서울 잔다리로7안길 22, 태성빌딩 3층
전 화	02-325-5100
팩 스	02-325-5101
홈페이지	www.생각나눔.kr
이 메 일	bookmain@think-book.com

• 책값은 표지 뒷면에 표기되어 있습니다.
　ISBN 979-11-7048-540-7 (03320)

유튜브 & 블로그 '1분 무역창고'에서 구독자와 함께 엄선한 콘텐츠!

실무자들이 궁금해하는
무역 실무 A to Z

장재환 지음

'실무자들이 가장 많이 하는 질문을 뽑아 만들었습니다'

생각나눔

경험의 뼈대 위에서
만들어진 실전 무역!

당신이 찾고 있는 무역 책은 무엇인가?

그 책에서 얻고 싶은 것은 무엇인가?

무역 용어? 인코텀즈? 무역 실무? 무역 계약?

정형화된 무역 이론들을 그저 정확히만 알고 싶은 게 목표라면 이 책을 살포시 덮고 다른 책을 보길 바란다.

『실무자들이 궁금해하는 무역 실무 A to Z』는 절대 어렵고 정형화된 이론을 짜깁기해 만든 책이 아니다. 유튜브 채널 '1분 무역 창고'에서 구독자가 엄선한 콘텐츠와 블로그 '1분 무역 창고'의 다수의 방문자 의견을 수렴한 콘텐츠로 구성했기 때문이다. 즉, 사람들의 필요에 나의 직간접적 경험을 더해 완성한 책이며, 경험의 뼈대 위에서 만들어진, 실전 무역 사례가 생생하게 살아 소개되는 무역 전문 책이라고 말할 수 있겠다.

필자는 대기업의 해외 영업팀에서 무역을 배웠고, 중소기업과 중견기업을 거치면서 다양한 지역과 아이템 그리고 여러 분야의 무역 실전 경험을 쌓았다. 직접 무역 회사를 창업해 또 다른 무역의 신세계를 경험했고, 관공서에서의 강의 및 멘토링에서 다양한 간접 사례도 접했다. 여기서 얻은 소중한 정보 또한 이 책, 『실무자들이 궁금해하는 무역 실무 A to Z』에 녹아 있다.

이 책은 '무역'이라는 광범위한 영역에서 출발하지만, 무역의 기본 개념부터 반복적으로 핵심만을 충실하게 설명하였다. 누구나 접하게 되는 중요하고 필수적인 예시를 바탕으로 구성해, 초보자도 쉽게 이해하고 무역 기초와 실전 지식을 쌓기에 용이하다. 무역 실전 준비, 무역 계약과 해외 영업 그리고 마케팅, 무역 창업, 무역 취업 & 이직, 무역 교육 으로 크게 나누어 무역 용어와 업무, 환경, 프로세스를 사례와 경험을 곁들여 소개하며, 어려운 단어는 가급적 지양하고, 쉽고 명확한 설명을 지향했다.

회사에서 쌓는 무역 경력이 과연 무역의 전부일까? 필자는 말할 수 있다. "아니다. 낢이 부속하다."

무역 경험이 전무하면 무역을 시작조차 못 하는 것일까? "아니다. 누구나 할 수 있다."

회사마다 무역은 특정 프로세스와 영역에만 한정되어 있다는 불편한 진실도 있다. 아무리 오랜 경력자라도 다람쥐 쳇바퀴 돌듯이 정해진 범주에서 벗어나지 못하기 때문에 때로는 정말 한정된 정보와 지식만 가지고 일하는 경우가 많다. 그러나 우리는 그것을 무역이라는 큰 세계로 착각하곤 한다. 정말 우물 안의 개구리가 아닐 수 없다. 그러므로 누구나 한걸음 벗어나면 초보자와 똑같다. 결국 무역 생초보도, 무역 회사에 다닌 경력이 없어도 충분히 무역업에 도전할 수 있다.

이 책은 무역 초보자들을 위한 '실전용 기초 과정'이라고도 부를 수 있고, 시험 준비생이 아닌 무역 초보 기업, 무역 예비 창업자, 무역 재직자, 무역 취업 준비생들을 위한 책이기도 하다. 이론을 바탕으로 실전에선 그 이론들이 어떻게 쓰이는지 사용법을 공유하는 데 집중했다.

무역에서 무엇이 가장 중요하다고 생각하는가?
  - 무역은 경험이다!
  - 경험이 곧 실력이다!

기존의 무역 책이 한정된 이론 소개에서 벗어나지 못하는 이유는 그만큼 경험이 없거나 경험의 사례를 한정적으로 구성했기 때문이다. 책의 제목만 다를 뿐 모든 무역 책의 내용이 비슷한 것도 이런 이유다.

'무역 이론'은 그리 배우기 어려운 영역이 아니다. 시간이 충분히 해결해 줄 수 있는 영역이다. 그러나 '무역 경험'은 절대 책이 해결해 주지 못한다. 누구도 제대로 공유하지 않기 때문에 배울 곳도 없다. 이론만 공부하다 실전에서 장벽이 생길 수 있다는 것을 생각하면, 상당히 불편하고 가슴 아픈 일이다.

누구나 안다고 생각하지만 막상 필요할 때 사용할 줄 모르는 무역 이론을 우린 무역의 전부인 양 알고 있고, 그렇게 말하는 이들을 전문가라고 생각한다. 정말 큰 착각이 아닐 수 없다. 그게 필자가 이 책을 집필한 이유다.

꼭 알아야 하는 지식, 알아도 되고 몰라도 되는 지식, 몰라도 되는 지식 중 꼭 알아야 시작할 수 있는 부분만 추려서 정리했다. 다른 것들은 천천히 시간 날 때 알아보도록 하자.

CONTENTS

Chapter 1 무역 실전 준비

Chapter 2　무역 계약과 해외 영업 그리고 마케팅　⊙

Chapter 3　무역 창업　　⊚

Chapter 5 무역 교육

무역 핵심! 알고 가기

✦ C/I(Commercial invoice)

① 수출자에게는 대금 청구서 역할

② 수입자에게는 매입 명세서 역할

③ 수입 통관 시 관세 증빙 자료

　➡ 수입자는 언더 밸류(under value)고민

✦ P/I(Proforma invoice)

① 약식 계약서 역할

② P/I를 근거로 L/C 오픈! P/I를 근거로 T/T 발송!

　➡ P/I는 수출자가 작성

　➡ P/O는 바이어(수입자)가 작성

✧ L/C(Letter of credit) vs T/T(Telegraphic transfer)

① T/T의 장점은 L/C의 단점!

② L/C의 장점은 T/T의 단점!

- ➠ T/T는 선급금이라는 장점이 있지만 잔금에서 자주 문제 발생

- ➠ L/C는 선급금이 없지만 출고와 동시에 자금화

T/T	L/C
• 선급금의 시점:잔금의 시점 • 모르면 일단 30%: 70%!	• L/C at sight(네고 즉시 현금화) • L/C usance(명시된 기간 후 현금화) → L/C usance는 shipper's 와 banker's로 나누어짐

✧ 샘플 인보이스(Sample invoice)

① 해외 출장 시 핸드 캐리(hand carry) 짐으로 가지고 갈 때

② 해외에 샘플 보낼 때

③ 필수 문구는 "No commercial value", "Free of charge"

- ➠ 통관 시 길리지 않도록 나라마다의 요구 사항을 전문가와 반드시 상의

✧ 무역 서류 3대장

<u>Invoice(인보이스), Packing list(패킹리스트), B/L(선하증권)</u>

수출 핵심 서류로 선적 때와 은행 네고 때 필수!

- ➡ 인보이스(수출자 작성): 대금 정보
- ➡ 패킹리스트(수출자 작성): 물건 정보
- ➡ B/L(포워더 or 선사 작성): 선적 정보

✧ 인코텀즈 3대장: Ex-work, FOB, CIF

① Ex-work 가격: 공장 출고가

- ➡ 바이어(수입자)가 여러 업체 제품을 한 컨테이너에 혼적할 때

② FOB 가격: Ex-work+트럭킹+수출제비용

- ➡ FOB는 B/L상에 'Freight collect(착불)' 표기

③ CIF 가격: FOB+해상 운송비+보험료+수출제비용

- ➡ CIF는 B/L상에 'Freight prepaid(선불)' 표기

이 중 FOB가 가장 대중적으로 쓰이는 이유!

① 수출자 입장에서는 어떤 나라의 바이어를 만나도 바로 오퍼가 가능함

② 바이어 입장에서는 파트너 포워더와 관세사를 보유하고 있기 때문에 CIF를 할 이유가 없음

※ FOB는 각종 온·오프라인 바이어 상담에서 모든 가격의 기준이 됨

✧ FOB 출고 vs CIF 출고

공통점	차이점
• 제품이 준비되면 바이어로부터 선적 정보(shipping info)를 받음 ※ Shipping info: Consignee, Notify, Remark 등	• FOB는 해상 운송을 포함하지 않기 때문에 선사 (포워더) 정보를 추가로 받지만, CIF는 받지 않음

✧ 영세율 & 구매확인서

수출 제품에 한한 혜택으로 부가세가 'O'이라는 뜻!

※ 공장이 무역 업체를 통해서 수출했다면? 최종 무역 업체가
　구매확인서를 발급받음 → 공장에 전달 → 부가세 신고 때,
　영세율 세금계산서와 구매확인서 제출 → 수출 실적 잡힘

✧ 바이어 입장에서 수출자 바라보기

좋은 제품에 가격도 베스트인데, 바이어에게 별 반응이 없다면?

　•• 당신을 못 믿기 때문!

※ 신뢰가 중요한 이유!

① T/T를 보내줬는데 수출자가 출고를 안 할 수 있어서

② 제품이 약속한 스펙과 다르다거나 수량에 문제가 일어날
　수 있어서

③ 애써 현지 영업과 마케팅을 다 해놨는데 중간에 망칠 수 있어서

✧ 홈페이지가 중요한 이유

바이어 입장에서 수출 회사에 대해 알 수 있는 가장 현실적인 방법이므로 홈페이지의 콘텐츠는 바이어가 궁금해할 내용을 다 포함해 상시 업데이트 필요.

※ 바이어의 검토 순서: 제품 상세페이지 (가격 & 스펙)) → 회사 소개 → 홈페이지 → 구글 검색 (온라인 검색)

✧ 수출자가 선택할 수 있는 해외 판로

① 전시회
② 각종 상담회(ex. 바이어 초청 상담회)
③ 국내외 B2B 플랫폼
④ 업체 리스트 확보를 통한 메일링
⑤ 지인을 통한 업체 소개

✧ 전시회가 중요한 이유

① 마케팅 & 홍보: 짧은 기간에 높은 홍보 효과
② 바이어 발굴: 같은 목적의 바이어들이 한자리에 모임
③ 시장 조사: 통계나 이론이 아닌 오감으로 느끼는 현장
④ 자사 제품 평가: 방문객의 객관적 평가 기대 가능
⑤ 자사 제품의 다양한 홍보: 유튜브를 포함한 각종 매체가 모임

⑥ 트렌드 및 경쟁사 학습: 시장 트렌드와 신제품 정보 교환 가능

⑦ 회사의 신뢰도 상승: Face to Face로 신뢰감 생성

❖ 3단계 전시회 운영 노하우

① 사전 마케팅

- 초청 메일은 필수, 최대한 많은 홍보 메일 배포가 핵심
- 바이어가 메일 확인 후 홈페이지에 방문하면 성공!
- 바이어가 체크용으로 방문하는 것이므로 홈페이지 업데이트는 필수!

② 현장 마케팅

- 현장 이벤트는 필수, 사람이 모여야 더 많은 사람이 관심을 보임
- 불특정 다수를 잡기 위한 다양한 이벤트 필수
- 운영 요원들 교육을 통한 직원과 알바의 역할 분담, 동선 세팅 중요
- 전시 공간 작업 필수, 신제품, 베스트셀러, 스테디셀러 제품 배치
- 인테리어 소품의 적절한 배치 중요

③ 사후 마케팅

- 방문객 리스트 정리 및 명함과 상담 리스트 업데이트는 필수
- 감사 메일을 시작으로 지속적인 관리 시작

- 보편적인 샘플 진행은 샘플 값은 공장 몫, 운송비는 바이어 몫
- 독점권 언급 시 정말 신중해야 함!

✧ 바이어 및 전시 상담회 운영 노하우

목표

"우리는 믿을 수 있는 회사로서, 현재의 모습과 미래의 모습을 보여줘야 한다!"

※ 비즈니스 상담회 준비물
- 제품 상세(인증서, 가격, 수상 내역) 와 샘플
- 회사 소개(인증서, 수상 내역)
- 기존 판매 업체 현황과 향후 비전
- 현 소비자 반응
- 기타 바이어 입장에서 궁금해할 것들

✧ 바이어가 제품 소싱 시 궁금해하는 것

① 해외 진출 사항
- 해당 제품에 대한 회사의 해외 총판권 보유 여부
- 해당 제품으로 해외 지역 수출 경험 여부 및 독점 여부(또는 오퍼 해서는 안 되는 지역 확인)

- 해당 제품으로 한국 특허 또는 인증서 보유 여부

② 생산 및 패킹 사항
- MOQ(Minimum order quantity, 최소 주문 수량)와 소량 샘플 오더 가능 여부
- MOQ 발주 시 납기 확인
- 제품 불량률 및 대응 확인(ex, RMA(Return Material Authorization) 등)
- 제품 사진 및 패키지 사진 부착
- 가능 컬러 확인
- 패키지(package) 사이즈와 카톤(carton) 사이즈 확인

③ 가격 & 결제 사항
- 결제 조건 확인
- FOB 가격
- 현 시중 소비자 가격 및 온라인 사이트 링크(ex. G마켓, 11번가 등)

④ 기타 사항
- 원산지: 중국, 한국, 또는 중국 OEM인지 확인
- 세품 출시 시기 확인
- 수출용 카탈로그, 매뉴얼, 박스 보유 여부
- 현 제품 소개서 외 동영상, 또는 제품을 이해하기 쉬운 자료 보유 여부
- 웹사이트(홈페이지)
- 제품의 장점(비교우위)

✧ 바이어 협상 원칙

① Give and Take

- 하나를 주면 반드시 상응하는 대가를 받는다.

- 양보는 미덕이 아니다.

- 명분 없는 양보는 제품과 회사의 품격을 저해하므로, 양보의 대체물이 합당해야 한다.

② Don't rush

- 한 번에 계약을 바라는 것은 욕심이다.

- 바이어의 요구 이면을 봐야 한다.

- 협상은 급한 쪽이 을이 된다.

- 신뢰 구축을 위해 처음부터 알아가는 과정을 거쳐야 한다.

- 내가 서두르면 상대는 살짝 물러선다.

- 상대가 서두르면 약점을 간파해야 한다.

✧ HS 코드

무역 상품을 숫자 코드로 통일한 것으로, 이에 따라 관세율과 통관 요건들이 달라짐. 수입 통관 시 세금의 기준이 되므로 수출자보다는 수입자에게 민감.

✧ 해외 인증

수출 타깃 국가가 있다면 그 국가에 맞는 인증 준비는 필수! 그러나 획득 비용과 유지비가 발생하고 전문 컨설팅 의뢰 비용이 발생

※ 미리 준비하지 않으면?
  ⇒ 수출을 포기하거나 수출 시기를 놓치는 경우 발생

✧ 무역의 3대 대표 클레임

납기, 수량, 품질 클레임

현실적 해결 방법은 금전적 또는 물건 배상

무조건 아니라고 떼쓰는 것은 금기사항!

완제품 또는 부품의 불량률, 수량 부족을 고려하여 사전에 주문 수량보다 더 선적시키는 RMA(Return material authorization)로 대응 → 빠른 대응 효과 및 특송비 절감

※ T/T로 손해배상을 청구하는 경우는 매우 희소!

Chapter 1

무역 실전
준비

Part 01

자주 쓰는 인코텀즈 이해하기 ___

✧ Ex-work, FOB, CIF 인코텀즈의 가격 범위는?

무역 서류 3대장에 인보이스, 패킹리스트, B/L이 있다면, 인코텀즈 3대장은 FOB, CIF, Ex-work다. 누구나 한 번쯤은 들어봤을 정도로 흔한데, 수출 가격을 오퍼할 때는 반드시 주의해서 계산해야 할 정도로 잘 이해하고 있어야 한다.

✔ Ex-work는 공장 출고가다.

Ex-work 일산이면 일산 공장 또는 창고에서의 출고가라는 뜻이다.

수출자가 트럭킹할 필요도 없고, 수출 통관할 필요도 없고, 그냥 문 앞에 놓으면 된다는 뜻이다. 그렇다면 언제 Ex-work를 사용할까?

바이어가 컨테이너를 짤 때 한 컨테이너에 여러 제품을 섞어서 싣는 경우가 있다. 예를 들면, 한 바이어가 40ft FCL[1]로 진행할 때, 여러 공장을 돌면서 싣는 경우에 사용한다.

✔ **FOB는 Ex-work(공장 출고가)+트럭킹 비용(내륙 운송료)+수출제비용을 더한 가격이다.**

수출제비용이라는 포워더 비용은 그리 크지 않기 때문에 큰 신경을 쓰지는 않는다. 중요 포인트는 물품의 파손, 손실의 위험에 대해서는 배가 떠나기 전까지만 책임을 진다는 것이다. 그러나 막상 물품 파손에 따른 클레임이 발생하면 정확한 책임 소재를 찾기 쉽지 않은 것이 현실이다. 배가 떠나기 전 생긴 파손인지 떠난 후의 파손인지 포워더의 실수인지 현실적으로 규명하기가 매우 어렵다. FOB는 가장 많이 쓰는 인코텀즈다. 그 이유는 임의의 바이어에게 가격을 오퍼할 때 해상 운송비를 신경 쓸 필요가 없기 때문이다. 즉, 바이어가 대충 해상 운송비를 알고 있어 가격 협상에 큰 무리가 없기 때문에 가격을 오퍼할 때는 FOB만 준비해도 충분하다.

---

1) FCL: Full Container Load의 약자

CIF와 CNF의 차이점은 보험이 포함되느냐 불포함되느냐 정도다. 그렇다면 보험료가 비쌀까? 딱히 그렇지는 않다.

여기서 우린 궁금해진다.
"수출자 입장에서 어떤 조건이 편할까?"

Ex-work는 공장 출고가 개념이기 때문에 수출자 입장에서는 다른 부대비용을 고려하지 않아도 되니 가장 편하다. FOB는 Ex-work에 트럭킹 비용과 수출제비용을 더한 개념이기 때문에 수출자 입장에서는 트럭킹 업체의 가격만 추가하면 그리 어렵진 않다 (수출제비용은 크지 않음). CIF는 FOB+해상 운송비+보험료+수출제비용을 더한 개념이라 해상 운송비와 보험료 가격을 추가해야 해서 좀 번잡한 부분이 있다(수출제비용은 크지 않음).

그렇다면, 각종 상담회 및 전시회에서는 어떤 조건이 가장 많이 쓰일까? 말했듯 FOB 조건이다. 바이어(수입자) 입장에서 보면, Ex-work 조건은 계산하기 쉽지 않고, CIF 조건은 수출자 입장에서 번잡하기 때문이다.

✧ Ex-work, FOB, CIF 조건 중 수출자 입장에서 편한 것은?

자주 사용하는 인코텀즈 3대장 Ex-work, FOB, CIF 중에서 수출자에게 편하고 유리한 조건은 무엇인지와 그 이유를 알아보자.

✔ Ex-work는 공장 출고가 개념!

수출자 입장에서는 가격 내기도 편하고 내륙 운송을 위한 트럭킹 비용을 고려하지 않아도 돼서 편하고 포워더한테 직접 운송비를 비롯한 제반 비용을 문의하지 않아도 돼서 매우 편하다.

✔ FOB는 Ex-work+트럭킹 비용+수출제비용을 포함한 개념!

수출자 입장에서는 내륙 운송 업체와 협의해서 가격 조율만 하면 된다(수출제비용은 크지 않음). 포워더에게 직접 가격을 문의할 필요도 없다. 특히, 일단 가격 세팅만 하면 어떤 바이어를 만나든 가격 오퍼에는 문제가 없다. 바이어들은 수입 전문가이기 때문에 자체적인 협력 업체가 많다. 운송비는 싸고, 그 프로세스는 쉽고 빨라, 수출자가 FOB 가격으로 오퍼해도 문제가 없다.

✔ CIF는 FOB+해상 운송비+보험료+ 수출제비용을 포함한 개념!

수출자 입장에서는 이 경우 내륙 운송 업체와 협의해서 가격을 조율하고, 포워더에게 가격을 문의해 조율하고, 보험료도 산출해야 한다(수출제비용은 크지 않음). 여기에 바이어와 눈치게임을 하면서 해상 운송에 마진을 붙일지 말지도 고민해야 한다. 당연히 다른 인코텀즈에 비해서 신경 쓸 게 많다.

이렇게 나열해 보니 가격 산출 시 수출자에게 가장 편한 방식은 Ex-work, 그다음이 FOB, 마지막이 CIF가 되겠다. 당연히 바이어 입장에서는 반대가 된다.

그렇다면, 온·오프라인 상담, 수출 상담회를 비롯한 각종 상담회에서 가격을 협상할 때는 어떤 조건을 가장 많이 쓸까? 앞서 말했듯, FOB 조건이다.

그 이유는 수출자 입장에서는 어떤 국가의 바이어를 만날지 모르기에 CIF로 가격을 상시 준비하기가 쉽지 않고, Ex-work 조건은 바이어 입장에서 볼 때 수출국의 내륙 운송비와 제반 비용에 대한 감을 잡기가 어렵기 때문에 보편적으로 FOB 조건을 사용한다고 볼 수 있다. 수출입 고려 시, FOB 조건만 알아도 된다는 말이 나오는 이유이기도 하다.

✧ FOB 출고와 선적, B/L의 소유권은?

아무리 무역 초보라도 인코텀즈에서 가장 많이 쓰이는 FOB와 CIF만 알면 웬만한 오더는 쳐낼 수 있다. 가끔 CIP, CNF, DDP

조건도 보이지만 그렇게 대중적이지는 않다.

✔ FOB 조건일 때 출고는 어떤 식으로 이루어질까?

FOB의 핵심은 포워더는 바이어가 지정한다는 것!

FOB 가격 자체가 선적 전까지의 가격이기 때문에 선적 관련 정보는 바이어가 준다. 예를 들면, FOB 부산이면 부산까지 물건을 갖다 놓으면 바이어가 가지고 간다는 뜻이다. '그렇다면 포워더(선사)가 발행하는 B/L(Bill of lading, 선하증권)은 바이어가 갖는 것일까?' 하는 생각을 가진 분도 많다.

'그건 절대 아니다.'

출고 프로세스를 살펴보면 물건이 준비되었거나 예정 스케줄이 나오면 바이어에게 통보를 하고 바이어는 검품(inspection) 여부를 확정하여 바이어와 계약된 현지 포워더에게 연락을 한다. (바이어는 수입자이므로 기본적으로 계약된 포워더가 있다.) 그럼 그 포워더는 한국에 있는 파트너 포워더에게 연락을 하고, 바이어는 그 파트너 포워더에 대한 정보를 수출자에게 제공하게 된다.

수출자는 당연히 한국에 있는 포워더(파트너 포워더)에게 연락하면 되며, 선적 스케줄에 따라 ETD(출항 예정일), ETA(도착 예정일)를 확인하여 바이어에게 통보 후 출고하게 된다. 포워더 자체가 수출 통관에 필요한 관세사, 내륙 운송을 책임질 트럭킹 업체와 파트너십을 맺고 있기 때문에 수출자가 포워더에게 통관과 트럭킹을 한꺼번에 일임하는 경우도 많다. 비용 차이가 크지 않기도 하고, 직접 따로따로 처리하기가 성가시기 때문이다.

그렇게 배 선적 후 '수출제비용'이라고 하는 THC, CFS, document fee 등의 비용을 포워더에게 지불하면 포워더는 물건의 주인이라는 뜻으로 수출자에게 B/L(Bill of lading, 선하증권)을 발행한다.

✔ B/L 발행의 종류

B/L에는 두 종류가 있다. 오리지널과 서랜더 중 무엇으로 할 것인가?

오리지널로 할 경우에는 원본을 DHL, FEDEX와 같은 특송을 사용해 바이어에게 보내고, 서랜더는 포워더(선사)에게 서랜더 요청를 하면 원본 없이도 바이어가 물건을 찾을 수 있는 시스템이다.

일본, 중국, 동남아처럼 가까운 거리일 때는 배가 도착하는 속도가 B/L이 발행되어 특송으로 보내지는 속도보다 빠른 경우가 많기 때문에 서랜더를 많이 쓰지만 바이어의 요청이나 도착 국가의 특수성으로 인해 오리지널로 진행하는 경우도 많다.

즉, 바이어의 요청에 따라 오리지널로 할지 서랜더로 할지가 정해지지만, 무역 대금이 T/T라면 무역 대금 스케줄을 고려해서 결정할 필요가 있다.

무역 계약과 가격 오퍼 시 가장 흔히 쓰는 인코텀즈는 FOB와 CIF다. 앞서 FOB와 CIF의 개념에 대해서 설명했지만, 개념을 알더라도 각각의 출고 프로세스에 대해서는 정확히 모르는 경우가 의외로 많다.

FOB와 CIF로 출고 시 기본적인 출고 프로세스

생산 완료 → 출고 대기 → 선적 정보(shipping info) 요청 → 인보이스와 패킹리스트 문서 작업 → 바이어 컨펌 → 포워더 컨택 → 출고 진행

무역 담당자는 인코텀즈와 상관없이 출고 대기 상태에서 바이어에게 선적 정보를 요청하는데, 인보이스와 패킹리스트에 들어갈 Consignee(수하인), Notify party(통지 대상)에 대한 정보를 얻고, 기타 필요한 정보는 Remark란에 적는다. 이 Remark란에는 해당 오더 진행이 FOB면 FOB 문구를, CIF면 CIF 문구를 넣기도 하고, 원산지에 대한 정보를 넣기도 한다. 가격 부분에서도 바이어가 언더 밸류(실제 오더 금액보다 낮게 기입)를 요청하기도 하는 만큼 꼼꼼한 서류 작업은 필수다.

이런 선적 정보는 선적 시마다 달라질 수도 있는 만큼 매번 확인해야 하지만, 반복되는 오더일 경우 이전 서류를 그대로 복사해서 쓰는 경우도 많아 실수를 주의해야 한다. 또한, 선적 정보를 통해 인보이스와 패킹리스트가 작성되면 바이어와 한 번 더

크로스 체크해 오타와 오류를 확인해야 한다.

　인보이스와 패킹리스트 같은 서류 작업이 끝나면 포워더 (선사)와 컨택한다. FOB 조건은 해상 운송과는 상관없기 때문에 당연히 바이어가 포워더를 선정해 포워더 정보를 제공해 주지만, CIF 조건처럼 해상 운송이 포함된 경우에는 수출자가 가격 오퍼 시 진행했던 포워더로 정해서 진행한다.

　출고가 끝나면 포워더에게 B/L을 오리지널로 할지 서랜더로 할지를 알려줘야 한다. 무역 대금이 L/C면 오리지널 B/L로 진행되고, T/T, 즉 무역 대금이 100% 완납되지 않았다면 B/L 전달은 신중해야 한다.

✧ 수출자나 수입자가 FOB를 선호하는 이유

　다양한 종류가 있는 인코텀즈! 그러나 우리가 자주 쓰는 것은 정해져 있고, FOB, CIF, EX-work, DDP 정도가 대표적이다. 그런데 제품이 준비되고 해외 바이어에게 가격을 오퍼하는 초기에는 유독 FOB를 많이 쓴다.

　그 이유는 무엇일까?

　앞선 내용을 요약하면 Ex-work는 공장 출고가 개념이기 때문에 수출자 입장에서는 다른 가격을 고려하지 않아도 돼서 매우 편하다. FOB는 Ex-work에서 트럭킹을 포함한 가격이므로 트럭

운송비 정도만 산출하면 된다(수출제비용은 크지 않음). CIF는 FOB 에서 해상 운송비와 보험료를 더하기 때문에 수출자 입장에서는 나라별 해상 운송비와 보험료를 산출해야 한다는 불편함과 귀찮음이 따른다. 특히, 바이어가 어느 나라의 어떤 항구를 원할지 모르기 때문에 범위를 정하기도 어렵다.

DDP는 CIF에서 통관까지 진행하기 때문에 실제 오더보다는 샘플용 또는 마케팅용으로 자주 사용되는 인코텀즈라 보면 되겠다.

한마디로 Ex-work는 수출자한테는 편하지만 바이어한테는 불편하고, CIF는 수입자한테는 편하지만 수출자한테는 불편하다. 결국, 무역에서 FOB를 가장 많이 쓰는 이유는 해외 오퍼 가격만 세팅하면 미국, 중국 등 어떤 바이어를 만나든 다시 가격을 산출할 필요가 없어서 영업적으로 매우 편하다는 것이다!

말했듯 수입 전문가인 바이어들은 자체적으로 손발이 맞는 포워더와 관세사를 이미 파트너십으로 가지고 있다. 결국, 운송비 측면에서도 더 싸고, 쉽고, 빠르게 진행할 수 있는 데다 통관에서 문제가 발생해도 적절하게 대처가 가능한 이점이 있다.

그래서 해외 영업의 기본인 온라인 가격 오퍼(이메일 발송)와 오프라인 가격 오퍼(비즈니스 상담회)에서 FOB는 무척 자주 사용되고, 무역 초보가 수입을 하든 수출을 하든 FOB 개념만 알아도 무역을 진행할 수 있다는 말이 나올 정도이므로 FOB는 꼭 알아야 한다.

✧ 실전에서 자주 쓰는 FOB와 T/T 조합

실제로, 아무리 무역 초보라도 FOB와 T/T 조합만 알면 수출 계약이 어렵지 않다. FOB는 Ex-work, CIF, DDP 조건보다 절차상, 그리고 리스크 관리상 수출자에게도, 바이어에게도 모두 편하기 때문이다.

수출자 입장에서는 FOB 가격을 한번 세팅하면 어떤 바이어를 만나도 따로 계산할 필요 없이 바로바로 오퍼가 가능하다는 편리성이 있고, 바이어 입장에서도, 운송, 통관의 편리성으로 FOB를 선호한다.

여기에 T/T(Telegraphic transfer) 대금 결제 방식에는 선급금이 있어 수출자 입장에서는 선급금으로 인한 계약 해지 방지와 현금에 따른 장점이 있고, 바이어 입장에서는 출고 상황을 보면서 돈을 지급하겠다는 리스크 관리의 차원이 있어 T/T 또한 FOB처럼 선호한다.

T/T로 할 때 양측의 가장 큰 걱정은, 바이어는 출고 전 선급금을 줬는데 출고가 안 될까 봐 걱정! 수출자는 출고 후 잔금을 못 받을까 봐 걱정!

수출자는 선급금을 받고 물건을 만들고 공장 출고를 하는 시점에서 T/T 진행 상황을 꼭 체크해야 한다. 만약, '선급금-중도금-잔금' 식으로 합의했다면 대부분 이때쯤 중도금이 설정되어 있기 때문에 꼭 결제 확인을 해야 한다.

리스크 관리는 공장 출고 전이 가장 하기 좋고, 그다음이 출항 전, 제일 어려운 때가 배가 떠난 다음이기 때문에 계약 날짜와 금액 지급이 제때 이루어지지 않는다면 용단을 내릴 필요가 있다.

특히 선적 후 B/L이 발행될 때 오리지널 B/L 또는 서랜더 B/L을 선택하는 시점에서 T/T 잔금도 꼭 체크해야 한다. 일반적으로 배 도착 전 또는 B/L과 맞바꾸는 조건으로 P/I(Proforma invoice, 견적 송장)를 쓰기 때문에, 이때부터 바이어에게 잔금 완납을 요청해야 한다.

여기서 우리는 궁금하다.

'배가 항구에 도착했는데도 잔금을 안 주면 어떻게 하나?'

이런 일이 발생할 수 있는 이유는 바이어가 선급금을 줄 때는 수출자가 출고를 안 할 경우를 걱정하는 을의 입장이었다면, 배가 뜨고 나서는 갑의 입장으로 바뀌기 때문이다. 그렇기 때문에 반드시 무역 대금 완납을 확인하고 B/L을 넘겨주는 것이 원칙이지만, 만약 끝까지 안 준다면 어떻게 해야 할까? 일반적으로 3가지 방법을 생각할 수 있다.

➡ 바이어를 믿겠다! 일단 B/L 먼저 주고 돈을 나중에 받는 경우
➡ 못 믿겠다! Ship back하는 경우
➡ 법대로 가자! 법정으로 가는 경우

각각의 경우가 다 100% 확실한 방법은 아니기 때문에 손실이 크고, 회사가 부도가 날 수 있을 정도로 위험 할 수 있다. 그러므로 FOB와 T/T를 한 세트로 계약할 때는 P/I를 작성할 때부터 이런 리스크를 감안해 생산 일정과 출고 프로세스에 따라 무역 대금 지급 시기와 그 금액을 정해야 한다.

✧ Ex-work, FOB, CIF를 생활 속에서 쉽게 이해하는 방법은?

물건 살 때 이런 말을 자주 한다.

"포장해 놓으세요 직접 가져 갈게요." (바이어 입장에서의 Ex-work)

"관리 사무소까지 배달해 주시면 제가 가져갈게요." (바이어 입장에서의 FOB)

"집 앞까지 배달해 주세요." (바이어 입장에서의 CIF)

즉, 제품 가격 외에 배달에 관해 묻는 경우다. 무역에서는 Ex-work, FOB, CIF가 바로 이런 개념이다.

- → Ex-work: 공장 출고가
- → FOB: Ex-work 가격에 트럭킹 비용(내륙 운송료)+수출제비용을 포함한 가격
- → CIF: FOB 가격에 해상 운송비와 보험료 + 수출제비용을 포함한 가격

예를 들어, 'Ex-work 일산 3달러'면 일산 창고 앞마당에 내놓는 조건으로 3달러라는 뜻이고, 이런 조건은 해외 업체가 여러 공장을 돌면서 한 컨테이너에 여러 제품을 혼적할 때 자주 쓰는 방식이다.

'FOB 부산 2달러'면 부산 선적 전까지의 가격이 2달러라는 뜻으로, 무역에서 가장 많이 쓰는 조건이기도 하다. 말했듯 수입자 입장에서나 수출자 입장에서, 비용적 측면에서나 서비스 측면에서 서로 편하기 때문이다.

또, 'CIF 홍콩 10달러'면 홍콩항까지 10달러로 오퍼한다는 뜻이다. 수입자 입장에서는 해상 운송에 관해 신경 쓰지 않아 좋은 듯하지만, 자체적으로 수입 포워더와 관세사를 파트너로 두고 있기 때문에 비용 부분이나 서비스 부분에서 볼 때 FOB를 더 선호한다.

✧ CIF vs CIP, 공통점과 차이점은?

CIF 조건으로 업무를 진행하다 보면 CIP와 헷갈리는 경우가 많다. 공통점이라면 CIF와 CIP 둘 다 목적지까지 드는 모든 비용(운송비+보험료+수출제비용)을 포함하기 때문에, 도착지 또는 도착 항구까지의 비용을 산출해서 오퍼(Offer)해야 한다. 즉, 오퍼 가격 산출 부분에서의 차이는 없다.

차이점이라면, 운송 부분에서는 CIF는 해상 운송에 사용되기 때문에 CIF 뒤에는 항구명이 들어가고, CIP는 해상 운송을 제외한 항공, 복합 운송(기차+선박)에 사용되기 때문에 CIP 뒤에는 도시명이 들어간다는 것이다. 즉, 보통 CIF는 선박, CIP는 항공에 자주 쓰인다.

책임 부분에서는, CIF의 책임 범위는 선적 전까지고, CIP의 책임 범위는 수출자가 수출 지역에서 운송 회사에 인계하는 시점이다.

여기서 우린 궁금하다. 바이어가 물건을 받았을 때 제품이 파손되어 있다고 한다면 누구 책임일까? CIF와 CIP라는 인코텀즈 잣대로 가르긴 실제론 어렵다는 사실!

- ➡ 바이어는 수출자가 검품을 못 했다고 하고,
- ➡ 운송자는 우린 그대로 운송했다고 하고,
- ➡ 수출자는 우린 완벽하게 검품했다고 한다.

이런 문제가 빈번한 만큼 한 번쯤 고민해 봐야 한다.

✧ FOB 출고와 CIF 출고의 공통점과 차이점은?

FOB 출고와 CIF 출고의 차이도 살펴보자. 일단 포워더 컨택부터 다르다.

FOB 조건 자체가 선적 전까지의 가격이기 때문에 해상 운송 가격은 포함되지 않는다. 그러므로 바이어로부터 선적 정보(shipping info) 외에 포워더 정보도 따로 받아야 한다. 이에 반해 CIF는 해상 운송(보험 포함)을 포함하기 때문에 바이어로부터 포워더 정보를 받을 필요가 없다.

FOB와 CIF의 출고 프로세스를 보면 물건이 준비되고 출고 스케줄이 확정되면 바이어에게 통보하는 것부터 시작된다. 그때 바이어는 선적 샘플 또는 사진을 요청하거나 검품 대리인을 보낸다. FOB 출고일인 경우, 검품이 통과되면 바이어가 shipping info와 포워더 정보를 알려준다. 이는 Consignee, Notify party, Remark 같은 정보와 포워더 회사명, 담당자, 연락처 정보다. 컨택할 포워더는 한국 포워더로서 현지 바이어 포워더의 한국 파트너라고 보면 되고, 수출자가 연락하기도 하고 포워더가 먼저 연락하기도 한다.

CIF로 계약되어 있을 때는 수출자가 이미 견적을 받고 진행하려고 했던 포워더에게 연락해 출고를 진행하면 되지만, 견적 시점과 출고 시점의 시간차가 있기 때문에 가격 체크는 꼭 해야 한다.

포워더 (선사)와 컨택하면 인보이스와 패킹리스트를 보내줘야 하는데, 포워더는 패킹리스트를 바탕으로 Check B/L(B/L 초안)을 만들어 수출자에게 확인을 요청한다. 포워더는 수출에 필요한 내륙 운송 회사와 관세사를 파트너로 두고 있기 때문에, 수출자는 포워더로부터 one-stop 서비스를 받을 수 있다. 이때, 내륙 운송 따로, 관세사 따로, 포워더 따로 진행할 수는 있으나 가성비적인 측면에서 효율이 낮아 대부분 포워더에게 일임하는 편이다.

출고하면 바이어에게 ETD와 ETA를 알려줌과 동시에 T/T라면 잔금을 요청해야 하고, 선급금이 없는 L/C라면 바로 네고 준비를 해야 한다. 여기서 중요한 것은 오리지널 B/L이든 서랜더 B/L이든 재발행이 안 되므로 바이어에게 양도할 때는 신중해야 한다는 점!

✧ 흔히 쓰는 FOB, CIF에서 위험 분기점 적용이 가능할까?

수출을 하든, 수입을 하든 자주 쓰는 인코텀즈는 Ex-work, FOB, CIF, DDP 정도다. 그중 FOB와 CIF는 각종 상담회에 나갈 때 준비하는 기본 가격표가 될 정도로 상당히 많이 쓰인다. 그래서 대부분 FOB와 CIF의 가격 산출 범위에 대해서는 잘 알고 있다.

- ➥ FOB는 공장 출고가+트럭킹 비용(+수출제비용)을 포함한 가격
- ➥ CIF는 FOB 가격+해상 운송비+보험료(+수출제비용)를 포함한 가격

그러나 FOB와 CIF의 위험 분기점에 대해서는 잘 알지 못한다. 위험 분기점은 FOB와 CIF 둘 다 선적(on board) 시점이고, 그다음부터는 위험 부담이 수입자한테로 이동된다.

여기서 우린 궁금해진다. 무역인들이 항상 고민하는 제품 불량과 수량 부족 문제가 발생했을 때 위험 분기점을 실제로 적용할수 있을까? 설명했듯 FOB와 CIF의 위험 분기점이 on board 시점이라면 수출자가 정확한 수량과 품질로 출고했을 때 왜 수출자가 클레임을 맞는 것일까?

먼저, 수량 부족의 예를 들어보자. 1,000개를 출고했는데, 바이어가 900개를 받았다고 한다면?

- ➠ 처음부터 잘못 실었을 경우
- ➠ 포워더가 운송 과정에서 분실한 경우
- ➠ 수입자가 잃어버렸거나 고의적으로 떼쓰는 경우

이렇게 나눠 볼 수 있기 때문에 잘잘못을 따지기가 상당히 어렵다. 위험 분기점을 떠나 최소한 수출자, 포워더, 수입자가 생길수 있는 경우의 수를 따져서 책임을 져야 하지만 대부분 수출자와 포워더가 손해를 보고, 아주 명확한 분실 상황이 드러나지 않는 한 포워더도 피해 가는 게 현실이다.

이번에는 품질 불량의 예를 들어보자.

- ➡ 수량 부족처럼 처음부터 불량인 채 실었을 경우
- ➡ 운송 도중에 품질에 하자가 생긴 경우
- ➡ 수입자가 불량을 일으키는 경우

이런 경우가 있기 때문에 위험 분기점을 떠나서 최소한 공동의 책임을 져야 할 것처럼 보이지만 현실적으로는 대부분 수출자가 책임을 진다. 이런 경우를 막고자 수출자는 출고할 때 선적 샘플과 검품 리포트를 작성하고, 수입자는 도착하자마자 바로 검품을 하지만, 그럼에도 대부분 수출자가 책임을 진다.

바이어가 검품관을 파견해서 수량과 품질을 검품하고 출고하는 경우에는 수출자도 변명의 여지가 있기 때문에 만약 품질과 수량에 관해 까다롭게 구는 바이어가 있다면 사전에 검품관을 요청하는 것도 하나의 방법이 될 수 있다.

✧ DDP 조건은 언제 어떻게 사용될까?

가장 흔한 인코텀즈는 Ex-work, FOB, CIF며, 여기에 DDP 조건이 포함되는 정도라고 말했다. 이제 이 DDP 조건에 대해서 알아보자. 앞서 DDP는 CIF에 현지 통관이 더해진 개념이라고 했다. 그러나 막상 DDP 조건을 메인 오더에서 자주 쓰지 않는 데는 이유가 있다.

DDP는 Door to door 서비스, 해외 택배 정도로 생각하면 되는데, 개념으로 보면 국내에서 출고해 해외 현지 통관까지 해주고 바이어에게 전달해 주는 방식이다. 이쯤 되면 궁금한 것이 'DDP 조건으로 잘 진행하지 않는 이유가 뭘까?'일 것이다.

바로, '해외 통관'이다. 이 이슈가 딱 걸려 있어서이기도 하고, 견적서를 보면 가격도 좀 비싸다. 특히 통관 부분은 매우 중요한 부분이나 무역(수출입)을 함에 있어서 가장 간과하는 부분 중 하나다. 당연히 수월할 것이라 생각하는 경우도 많다. 수출하는 입장에서 보면 어떤 나라든 정책적으로 수출을 장려하기 때문에 프로세스가 수월하다. 그러나 수입하는 경우에는 입장이 완전히 달라지는데, 통관을 상당히 엄격히 하기 때문이다.

> ➡ 통관에서 문제가 생기는 대표적인 3가지 경우!
> ① 통관이 불가한 경우
> ② 물건이 분실되는 경우
> ③ 물건이 통관에 잡히는 경우(전수검사 이유)

이런 문제를 해결하기 위해서는 수출자보다 수입자가 더 정확하고 효율적일 것은 당연하다! 즉, 바이어(수입자) 국가에서 손을 써야 빠르고 정확해진다. 통관 시스템에 대한 이해 자체도 빠르겠지만, 뒷돈을 주든, 인맥을 동원하든 뭐든 할 게 있어서다.

반대로 수출자 입장에서는 당연히 해줄 것이 별로 없다. 기껏해야 포워더를 압박하는 정도인데, '영어를 잘하니 직접 전화해서 해결할 수 있다!' 생각할 수도 있겠지만, 현실적으로는 통관의 문제가 언어 소통의 문제가 아니기 때문에 결과를 바꾸기가 어렵다.

- ➡ 해외 국가와의 시간차도 있어서 쉽지 않고!
- ➡ 공식적인 루트로만 대응하는 것도 쉽지 않고!
- ➡ 바이어는 바이어대로 납기 꼬였다고 불만이고!
- ➡ 통관 에이전시 고용하면, 추가 비용은 더 들어가고!

애를 쓴다고 다 해결된다는 보장도 없어서 정신·육체·비용적 스트레스가 장난 아니다. 가끔 보면, 일부 국가들만 통관에서 쓸데없는 이유로 발목을 잡는다고 생각하지만, 선진국에서도 위에 언급한 3가지 중 한 가지 문제는 발생한다는 사실!

그럼 '통관 서류에 문제가 없는데 왜 잡는가?'라고 생각할 수도 있지만, 그건 누구도 모르는 일이다. 결국, 현지 바이어가 진행해야 빠르다는 사실! 즉, DDP 조건보다 FOB 또는 CIF 조건으로 진행하는 이유가 단지 가격이 싸고 비싸고의 접근만은 아닌 것이다.

◇ CIF 조건에서의 출고 프로세스와 B/L 소유는?

CIF 조건일 때 출고는 어떤 식으로 이루어질까? CIF의 경우 해외 도착지(항구)까지 물건을 보내주는 게 핵심이다. 기존 FOB

가격에서 해상 운송비와 보험료를 넣고 계산하게 된다.

FOB와는 다르게 수출자의 포워더를 이용하기 때문에 포워더 정보를 바이어한테 따로 받지는 않지만 물건이 준비되면 수출 서류와 출고 날짜에 관해 먼저 바이어와 상의해야 한다. 그 이유는 다음과 같다.

- 인보이스와 패킹리스트에 들어갈 Consignee, Notify party, Remark 같은 정보를 확인해야 함
- 있을지 모를 언더 밸류(Under value) 또는 오버 밸류(Over value)를 체크해야 함
- 바이어의 재고에 따른 출고 시점을 정해야 함

이때, B/L에 대한 소유권은 당연히 수출자가 갖는다. B/L 양도 시점은 반드시 무역 대금을 고려해 진행해야 하는데, 그 이유는 오리지널 B/L이든 서랜더 B/L이든 한 번 발행하면 끝이기 때문이다.

출고 프로세스를 보면, 수출자는 물건이 준비되었거나 예정 스케줄이 나오면 바이어에게 통보하고 바이어는 검품 리포트를 요구하거나 선적 샘플을 요구한다. 선적 서류라고 할 수 있는 인보이스 및 패킹리스트에 대한 바이어의 컨펌이 있고, 바이어가 요구하는 선적 날짜에 맞추어서 출고를 진행한다.

포워더 자체가 수출 통관에 필요한 관세사, 내륙 운송을 책임

질 트럭킹 업체와 파트너십을 맺고 있기 때문에 수출자는 대개 포워더에게 통관과 트럭킹을 한꺼번에 일임한다.

배 선적 후 THC, document fee 같은 수출제비용을 지불하면 포워더가 수출자에게 B/L을 발행한다. 앞서 설명했듯 오리지널 B/L을 선택하면 DHL, FEDEX와 같은 특송을 사용해 바이어에게 보내주게 되고, 서랜더 B/L을 선택하면 바이어가 원본 없이도 물건을 찾을 수 있다. 무역 대금이 T/T가 아닌 L/C라면 당연히 오리지널 B/L로 발행하고, T/T일 경우라면 잔금에 대한 스케줄도 동시에 체크해야 한다.

말했듯 서랜더 B/L은 보통 일본, 중국, 동남아처럼 가까운 거리일 때, 배가 도착하는 속도가 오리지널 B/L을 보내는 속도보다 빠른 경우에 자주 사용하지만, 일부 위험 국가에서는 오리지널 B/L을 선호하는 경향도 있다.

Part 02
필수 무역 용어 _____

◇ 가장 자주 접하는 무역 용어

무역을 하려면 무역 용어를 아는 것은 필수다. 용어만 따지자면 엄청 많은데 다 이해하기도 어렵고, 상황에 접목하는 건 더 어렵다. 먼저 좀 더 쉽게, 꼭 필요하고 자주 접하는 용어들만 짚고 넘어가자.

✔ T/T(Telegraphic transfer)

수입자가 무역 대금을 수출자의 외화 통상 계좌로 보내수는 망식. 필수 정보로는 은행녕, 은행 주소, 세좌번호, 회사 이름, 은행식별번호, swift code가 있다.

✔ ETA(Estimated time of arrival)

도착 예정일. 이 날짜를 알아야 바이어가 후속 프로세스를 준비하기 때문에 매우 중요하다. ETD와는 상반된 개념이다.

✔ ETD(Estimated time of departure)

출항 예정일. 바이어가 이 날짜를 알아야 현지 마케팅과 영업계획을 세우고, T/T인 경우 자금 스케줄도 이에 맞춰 진행한다. 날짜는 민감한 요소라 항상 납기 클레임이 일어날 가능성이 있다.

✔ Consignee(수하인)

화물 인수자. B/L(선하증권)에서 바이어라는 말 대신에 사용한다.

✔ DDP 조건

Door to door 서비스처럼 현지 통관과 관세까지 다 부담하는 조건. UPS, FEDEX, EMS 같은 경우를 말한다. 이때 조심해야 할 부분은 수출자의 현지 통관 여부다. 수출자에게 현지 통관 능력이 없다면 오더 자체가 성립되지 않는다.

✔ LCL cargo(Less than container load)

한 컨테이너를 다 채우지 못하는 소형 화물. 하나에 여러 화주의 화물을 모아 컨테이너를 짜는데, 소호 무역을 포함한 소규모 무역에서 자주 사용된다. 한 컨테이너를 꽉 채워서 출하하는 경우인 FCL(Full container load)에 반대되는 개념이다. FCL과 달리 선사는 취급하지 않고 포워더만 취급한다.

✔ Consolidation

컨테이너 한 대를 채우지 못하는 LCL(Less than container load) 화물을 모아 한 개의 컨테이너에 함께 선적하는 것. 당연히 FCL에서는 사용되지 않는 용어다.

✔ CY(Container yard)

컨테이너 야적장. 한 컨테이너를 다 채운 FCL은 CY에서 현지 CY로, 다 채우지 못한 LCL은 CFS(Container freight station)에서 현지 CFS로 간다. LCL은 CFS에서 컨테이너를 짜기 때문에 CFS charge가 발생한다.

✔ CBM(Cubic Meter)

가로, 세로, 높이가 각 1m인 부피를 환산하는 단위. 1CBM은 가로, 세로, 높이가 각 1m임을 말한다. 제품과 관련 있는 만큼 운송 관련 서류인 패킹리스트와 B/L에 자주 등장한다. 운송사는 부피 무게와 실제 무게를 비교해 더 무거운 쪽을 청구한다.

✔ Gross weight

물품이 포장 박스에 들어 있는 상태로 계량한 중량. Net weight와 상반된 개념이다. Net weight는 순 중량으로, 물품 자체의 무게다.

✔ I/C(Inspection certificate)

품질 검품. 바이어가 품질을 확인하고 싶을 경우, 직접 검품원을 파견하기도 하고, 검품 전문 업체에 의뢰하기도 한다. 수출자 입장에서는 차라리 출고 전에 검품을 받는 게 더 편할 수도 있다. 대부분의 클레임이 품질에서 나오기 때문에, 오히려 출고 전에 바이어가 확인하면 수정 보완이 쉽기 때문이기도 하고 향후 품질 클레임의 발생 여지가 적어지기 때문이다.

✔ C/I(Commercial invoice, 상업 송장)

수출자에게는 수출 실적으로 잡히고 무역 대금 청구서 역할, 수입자에게는 매입 명세서 역할을 하며, 수입 통관 시 관세의 증빙 자료로 쓰인다. 상황에 따라 언더 밸류하거나 오버 밸류하기도 한다. 패킹리스트(Packing list), 선하증권(B/L)과 함께 무역 서류 3대장이다. C/I는 금액 정보를, 패킹리스트는 제품 정보를, B/L은 선적 정보를 지닌다.

✔ Counter offer

반대 오퍼, 이의 오퍼. 수출자의 오퍼에 대해 수입자가 가격 조건, 수량 조건, 선적 조건을 비롯한 다양한 조건에 이의가 있을 경우, 기존 오퍼 내용을 일부 변경하거나 추가하여 제시하는 오퍼다.

✔ Freight charge

해상 운송에서의 운송비. 바이어가 지불하면 'Freight collect(착불)', 수출자가 지불하면 'Freight prepaid(선불)'이다. B/L상에 찍혀 나오며, 흔히 쓰는 FOB는 당연히 'Freight collect'다. 가끔 CIF 조선에서 가격을 오퍼할 때 운송비를 찜빽하는 경우가 있어 유의해야 한다.

Freight collect	• 운임 후불. FOB 조건일 때, 화물이 목적지에 도착하여 수입자가 화물을 인수하려면 운임을 지불해야 한다. 착불 택배로 이해하면 쉽다.
Freight prepaid	• 운임 선불. Freight collect와 반대되는 개념이다. CIF 조건에서 화물 선적이 완료돼 B/L이 발행될 때 수출자가 지불하는 운임이다. CIF 자체가 운임을 포함한 조건이어서다.

✔ AWB(Air way bill)

항공 운송장. 배로 가는 것이 B/L이라면, 항공으로 가는 것이 AWB다. 업체마다 약간의 차이는 있어도 기본 구성은 같다.

✔ Clean B/L

하자도 없고, 사고도 없는 B/L이라는 뜻. 화물이 선박에 안전하게 실린 경우 B/L에 아무것도 기재되지 않는데, 상반된 의미로는 Dirty B/L이 있다. L/C 계약 건으로 은행 네고가 있을 때는 클린 B/L이 필수다.

✔ C/O(Certificate of origin, 원산지 증명서)

제품의 생산지를 증명하는 서류. FTA를 비롯한 각종 무역 협약에 있어 관세 혜택을 받을 때 꼭 필요한 서류다.

✔ Exclusive contract(독점 계약)

어떤 품목에 있어 지니는 독점적 판매 권한. 중요한 것은 양날의 칼이 될 수 있다는 것! 잘되면 서로 좋지만 잘 안되면 서로 힘들어진다. 독점으로 인해 제품이 신제품에서 구제품이 되는 만큼 제조사는 신중히 결정해야 한다.

✔ Demurrage charge

기간 내에 화물을 싣거나 내리지 못했을 때 발생하는 비용으로, 일종의 페널티다. 해상 물류가 아닌 경우 쉽게 접하지는 않는 용어다. 이런 경우가 발생하는 이유는 수입자가 수출자로부터 오리지널 B/L 또는 서랜더 BL을 받지 못했기 때문이다. 즉, 수입자가 무역 대금을 약속대로 수출자에게 지불하지 않았을 때 종종 발생한다. 약속이 불이행되었거나 수출자가 B/L을 양도하지 않은 경우로, 수출자가 행하는 마지막 수단 중의 하나다.

✔ At sight

일람출금. L/C 네고 때 자주 사용된다. 은행에 L/C 원본을 포함한 서류를 제출하면 바로 현금화가 이루어진다. 여기서 중요한 점은 세술 서류라고 하는 네고 서류가 L/C에 살 석혀 있는 만큼 무엇보다 꼼꼼하게 체크해야 한다는 것이다.

✔ Claim(클레임)

무역 계약에서 불이행이 발생할 경우 수입자 측에서 금전적 손해를 수출자에게 청구하는 행위. 클레임의 종류는 많으며, 납기 클레임, 품질 클레임, 수량 클레임이 대표적이다.

◇ 무역 취업 준비생이 꼭 알아야 하는 기초 무역 용어

해외 영업, 해외 마케팅, 무역 사무, 포워더에 어렵게 취업했는데, 무역 용어를 알아듣지 못한다면 상당히 힘들 것이다. 앞서 아주 간략한 용어만 살펴봤다면, 이번엔 취업 후 바로 당면한 과제들을 이해하는 데 도움이 될 '무역 취준생 용어'로, 실전에 꼭 필요한 것들만 선별했다. 여기서 나오는 용어들의 개념은 뒤에서 더 자세히 설명하니 참고로만 짚고 넘어가도 좋다.

✔ 샘플 인보이스(Sample invoice)

해외 출장 시 샘플을 가지고 갈 경우나 해외에 샘플을 보낼 때 사용한다. 여기서 중요한 것은 물품 가격은 임의의 최소 금액으로 하고, 'No commercial value', 'Free of charge'의 문구를 넣는다는 것이다.

✔ P/L(Packing list, 패킹리스트, 포장 명세서)

제품 패킹에 관련된 서류다. 인보이스와 더불어 수출자가 만들고 이를 근거로 포워더(또는 선사)에서 B/L 작업을 한다. 패킹리스트에는 인보이스와는 다르게 금액 대신 수량, 무게, CBM, 컨테이너 관련 정보가 들어있고 어느 상자에 어떤 물건이 들어있는지를 주의 깊게 작성해야 한다.

✔ B/L(Bill of lading, 선하증권)

수출자가 작성하는 인보이스와 패킹리스트와 달리 B/L은 포워더 또는 선사가 작성한다. 화물에 대한 소유권을 담은 문서로, 집문서와 땅문서처럼 중요하다.

오리지널 B/L과 서랜더 B/L 두 종류 중 상황에 따라 선택한다. 명심할 것은 재발행이 안 돼 절대 잃어버리면 안 된다는 것이다.

✔ P/I(Proforma invoice, 견적 송장)

약식 계약서처럼 쓰인다. 이 P/I를 근거로 L/C를 오픈하기도 하고 T/T 송금을 하기도 한다. 단가, 수량, 외환 계좌, 선적 조건, 결제 조건, 납기처럼 주요 거래 조건이 포함되어 있고, 수출지가 만들어 바이어한테 보내면 바이어가 P/O(Purchase order)를 통해 컨펌하는 프로세스지만 P/O를 먼저 만들기도 한다.

✔ L/C(Letter of credit, 신용장) & T/T(Telegraphic transfer, 전신 송금)

T/T의 장점은 L/C의 단점! L/C의 장점은 T/T의 단점!

T/T는 선급금이 있어서 자금 회전에 큰 도움이 되지만 잔금을 못 받을 가능성이 존재하고, L/C는 선급금이 없지만 선적하면 은행 네고를 통한 자금화가 가능하다.

➡ T/T의 관건은 언제, 얼마나 받느냐?

➡ L/C의 관건은 at sight로 할 것인가? usance로 할 것인가?

일반적으로 T/T에서 말하는 선급금은 배가 뜨기 전에 받는 개념이고, 현금 흐름에 도움이 되고 오더 취소를 막는 기능이 있어 업체들이 선호하는 편이다.

L/C at sight는 은행 네고 때 무역 대금이 바로 집행되고, L/C usance는 표기된 기간만큼 더 기다려야 해서 수출자는 at sight를 선호한다.

✔ MOQ(Minimum order quantity)

최소 오더 수량. 공장에서 한 번 작업할 때 생산되는 수량이다. MOQ를 기준으로 오퍼 가격이 오르거나 내리는 만큼 협상 시 중요한 역할을 한다. MOQ보다 높게 오더하거나 낮게 오더하는 경우에 가격 차이가 날 수 있기 때문에 수입자 입장에서는 꼭 체크해야 하는 부분이다.

✔ HS 코드

나라마다 다른 상품의 명칭을 숫자 코드로 통일시킨 것. HS 코드에 따라 관세율, 통관, 관세 감면 등의 내용이 크게 달라지기 때문에 정확하게 분류해야 한다.

✔ 크레딧 노트(Credit note) & 데빗 노트(Debit note)

무역을 하다 보면 여러 변수로 인해 돈을 더 받아야 하는 상황도 있고, 돈을 더 내야 하는 상황도 있다. 이때, 받아야 할 금액을 요청하는 것이 '데빗 노트', 줄 돈을 적어서 확인시켜 주는 것이 '크레딧 노트'다.

✔ CIF & CIP

CIF와 CIP 둘 다 목적지까지의 모든 비용(운송비+보험료)을 포함하지만 CIF는 해상 운송에 사용되기 때문에 CIF 뒤에는 항구명이 들어가고, CIP는 해상 운송을 제외한 항공과 복합 운송(기차+선박)에 사용되기 때문에 CIP 뒤에는 도시명이 들어간다. 정리하면 CIF는 선박, CIP는 항공에 자주 쓰인다.

✔ D/P(Documents against payment) & D/A(Documents against acceptance)

D/P는 수입자가 선적 서류를 받아 물건을 찾고 싶으면 즉시 은행에 무역 대금을 지급해야 하는 게 기본 개념이다. 주의할 점은 수입자가 돈을 안 주면 물건을 찾을 수 없기 때문에 수출자 입장에서 안전하다고 생각할 수도 있으나 수입자가 돈도 안 주고 통관도 안 시키고 시간을 끌면 딱히 답이 없다는 것이다.

D/A는 수입자가 먼저 선적 서류를 받아 두고 통관시킨 뒤 무역 대금은 만기일에 지급한다는 뜻이다. 우선 선적 서류를 통해 상품을 찾고, 향후 만기일에 대금을 지급하는 형식이기 때문에 본사와 지사 간의 거래처럼 확실한 거래일 때만 쓰인다.

✔ 영세율, 구매확인서

'영세율'은 수출 제품에 한해 부가세를 면제한다는 뜻. 수입 제품에는 해당되지 않는다. 세무 신고 때 영세율 세금계산서와 구매확인서를 함께 제출하면 되는데, 구매확인서는 최종 수출자가 관세청 웹사이트 '유트레이드 허브'에 접속해 신청하면 된다.

✔ 쉬핑 마크(Shipping Mark)

화물을 쉽게 구분하기 위해 상자에 인쇄하거나 프린트해서 붙이는 마크. 수출 또는 수입 박스 양쪽 측면 중 한 곳에 표시한다. 여러 회사의 화물이 섞이는 LCL의 경우에 분실의 위험을 덜어준다.

✧ 포워더 견적 시, 자주 쓰는 무역 용어

- POL(Port of loading): 선적항.
- POD(Port of discharge): 도착항.
- LCL(Less than container load): 한 컨테이너를 못 채우는 수량.
- FCL(Full container load): 한 컨테이너를 꽉 채우는 수량.
- CY(Container yard): FCL 컨테이너 야적장.
- CFS(Container freight station): 화물을 컨테이너에 적입 혹은 적출 시 분류 작업하는 장소. 일반적으로 한 컨테이너를 못 채우는 LCL 화물이 이용.
- Dry container: 일반 컨테이너.
- Stuffing: 컨테이너에 화물을 넣는 작업.
- CONSOL: '화물 혼적'이라는 의미로 LCL 화물을 모아서 하나의 컨테이너로 만드는 작업.
- 20DC(20 feet dry container): 20ft 컨테이너.
- THC(Terminal handling charge): 컨테이너 반입 후 발생하는 모든 비용.
- Doc(Document fee): 문서 작성료 (ex, B/L).
- VSL(Vessel): 선박.

- Wharfage: 부두 사용료(부두를 거쳐 가는 모든 화물에 부과하는 세금).

- Inland trucking charge: 내륙 운송에 드는 모든 비용.

- Customs clearance: 통관 수수료.

- ETD(Estimated time of departure): 출발 예정일.

- ETA(Estimate time of arrival): 도착 예정일.

- D/O(Delivery order): 화물 인도 지시서.

- Document closing date: 선적 서류 마감일.

- Cargo closing date: 입고 마감일.

- S/R(Shipping request): 선적 요청서.

- Arrival notice: 화물 도착 통지서.

- T/Time(Transit time): 운항 소요 시간(일수).

- CHC(Container handling charge): 화물 처리 비용.

- Storage charge: 창고료.

- O/F(Ocean freight): 해상 운임.

- A/F(Air freight): 항공 운임.

- Trucking charge: 내륙 운송비.

- Sur charge: 해상, 항공 추가 비용.

- BAF(Bunker adjustment factor): 유류할증료.

- Customs clearance: 통관 수수료.

- 1CBM: 가로 1m×세로1m×높이1m.

✦ C/I(Commercial invoice) vs P/I(Proforma invoice)

수출을 하든 수입을 하든, 무역은 물류가 움직이는 일이기에 거기에 따르는 서류가 매우 중요하다. 무역의 시작과 끝이 서류라고 할 만큼 무역은 문서로 움직인다. 그렇기 때문에 간단한 물건 하나라도 해외로 발송하게 되면 인보이스가 꼭 함께 다닌다.

C/I는 '상업 송장'이라고 하고, P/I는 '견적 송장'이라고 부른다. 똑같은 인보이스처럼 보이지만 쓰임이 다른 만큼 절대로 헷갈리면 안 된다.

C/I는 수출 물품에 대해서 대금 청구서 역할을 하고, 수입 통관 시 관세 증빙 자료이기 때문에 수출할 때 바이어의 요청에 의해 관세를 낮추는 방식으로 언더 밸류하기도 한다. 여러 번 강조했듯, 패킹리스트, B/L과 더불어 무역 서류 3대장이라고도 불릴 만큼 매우 중요하다. 특히 외환 수금을 할 경우 은행에 증빙 자료로 쓰이기도 하고, 물품과 함께 동봉되어 발송되기도 한다. 기억할 것은 다음과 같다.

- ➠ 수출자가 민들기 때문에 재발행 가능!
- ➠ 출고 진행 전 반드시 바이어에게 'Consignee, Notify party, Remark, Unit price(단가)' 확인받기!

P/I는 C/I와 달리 계약서 역할을 한다. 수출자에 의해서 민들이지고, 수입자는 제품, 수량, 모델, 스펙, 단가 등을 확인한다.

이 외에도 외환 계좌, 선적 조건, 결제 조건, 납기 등 무역의 주요 조건을 포함하고 있기 때문에 수입자는 신중히 검토하여 사인하게 된다.

프로세스를 보면 수출자가 P/I를 만들어서 보내주면 수입자가 P/I를 확인함과 동시에 P/O를 만들지만, 실전에서는 상황에 따라 P/O를 먼저 만들기도 한다. 무역 대금 부분에서 보면 수입자가 P/I를 근거로 T/T 결제를 진행하기도 하고 L/C를 열기도 하는 만큼 P/I는 매우 중요한 서류임에는 틀림없다.

✧ 샘플 인보이스(Sample invoice)란?

샘플 인보이스와 앞서 살펴본 C/I (Commercial inovice, 상업 송장)에는 약간의 차이가 있다. 공통점은 돈과 관련된 서류라는 것, 차이점은 샘플을 보낼 때는 샘플 인보이스, 메인 오더를 선적할 때는 C/I를 쓴다는 것이다.

C/I는 수출입 통관 시 신고 금액의 자료가 되기 때문에 실제 오더 가격보다 낮게 언더 밸류(under value)하기도 하고, 실제 오더 가격보다 높게 오버 밸류(over value)하기도 하며, 계약 금액 그대로 하기도 한다.

간단히 말해 C/I는 수출자에게는 대금 청구서 역할을, 수입자에게는 매입 명세서로서 수입 신고 시 과세 증빙의 자료가 된다. 외환 수금이 될 경우 은행에 증빙 자료로 제출되고, 수입 통관에서는 세금과 직결되기 때문에 수입자는 최대한 융통성을 발휘하려 한다는 것이 핵심이다.

그렇다면 샘플 인보이스의 용도는 뭘까?

해외 출장 시에 바이어에게 보여줄 샘플을 가지고 갈 경우 그 제품이 샘플임을 보여주는 서류이기도 하고, 해외에 샘플을 보내며 DHL, FEDEX, EMS 등을 사용할 때도 이 샘플 인보이스를 작성해야 한다.

판매용이 아니기 때문에 금액은 임의로 최소 금액을 적고, 'No commercial value', 'Free of charge'의 문구를 넣는다. 추가로 더 필요한 문구의 경우, 현지 바이어의 지시를 따르는 게 좋다. 그 이유는 현지 통관에 대해 가장 많이 아는 사람이 현지 바이어이기 때문이다. 큰 무리가 없다면 따르는 게 정석이다. 샘플은 판매용이 아니므로, 제품의 정상 가격을 적을 필요가 없으나 통관은 특히 유의해야 한다.

✧ 인보이스, 패킹리스트, B/L은 언제 어떻게 쓰일까?

무역 서류 및 신적 서류라고도 말하는 이 서류들은 워낙 중요해서 한 번쯤은 들어봤을 것이다. 그만큼 무역에서는 가장 핵심적인 용어다.

✔ C/I(Commercial invoice, 상업 송장)

항상 무역하면 떠오르는 서류다. 돈과 관련 있기 때문에 중요한데, 누가 누구에게 어떤 것을 얼마에 준다는 뜻으로, 반드시 총금액이 표시되어 있어야 한다. 바이어의 요청에 의해 언더 밸류(under value) 하거나 오버 밸류(over value)하기도 한다. 샘플 인보이스와 양식은 비슷하지만 차이는 오더 금액이 명확하다는 점!

국내에서 사용하는 거래명세서 같은 역할이기도 하고 해외 수금 시 은행에 증빙 자료로 제출되기도 한다. 당연히 통관을 하든 뭘 하든 C/I와 패킹리스트는 세트로 다닌다고 생각하면 이해하기 쉽다. 패킹리스트와 더불어 작성은 수출자가 한다.

✔ 패킹리스트(Packing list, 포장명세서)

인보이스와 한 세트로 다닌다. 수출자가 패킹리스트를 만들어 포워더에게 주면 포워더가 이를 근거로 B/L 작업을 한다. 인보이스는 돈에 대한 정보! 패킹리스트는 물건에 대한 정보다! 그렇기 때문에 어떤 물건이 어떤 박스에 있다는 것을 정확히 표기해야 한다. 인보이스에 금액이 적혀 있다면 패킹리스트에는 총 수량, 총 무게, CBM에 대한 정보가 들어있다.

✔ B/L(Bill of lading, 선하증권)

인보이스와 패킹리스트는 수출자가 작성하지만, B/L은 포워더 또는 선사가 작성한다. 수출자의 패킹리스트를 근거로 만들어지는데, 화물에 대한 선적 정보를 의미한다.

B/L을 소유한 사람만이 해당 화물을 수령할 수 있기 때문에 바이어의 요청에 의해 수출자는 오리지널 B/L, 또는 서랜더 B/L을 준비한다. 재발행은 안 되기 때문에 절대 분실해서는 안 되며, 항상 조심해야 한다.

서랜더 B/L은 가까운 거리에 있는 일본, 중국, 동남아 국가에서 보통 사용되고, 오리지널 B/L은 거리가 먼 남미, 유럽 등에서 사용되지만, 바이어의 요청에 따라 그때그때 다르다.

단! 물건을 양도할 때는 항상 무역 대금을 고려해야 하고 번복할 수 없다는 점을 명심하자.

✧ ETD(Estimated time of departure)와
ETA(Estimated time of arrival)는 왜 중요할까?

ETD는 출발 예정 시간이고, ETA는 도착 예정 시간이다. 특별한 경우가 아니라면 운송사 스케줄이 거의 맞기 때문에, B/L에 나와 있는 ETD와 ETA는 바이어가 후속 업무를 진행하는 기준이 된다. 그렇다면 구체적으로 어떤 이유에서 중요할까?

✔ 자금 스케줄

수출자가 언제쯤 L/C를 네고할지 예측되기 때문에 이를 보고 자금 스케줄을 맞추기도 하고, T/T일 때는 수출자에게 무역 대금을 지급할 날짜를 예측할 수 있다. T/T일 때는 선급금과 잔금 지급을 출고와 선적 날짜를 기준으로 하는 경우가 많아서다.

✔ 현지 마케팅과 영업 스케줄

제품이 언제 창고에 입고되는지 알아야 적절한 마케팅과 영업을 본격화할 수 있다. 바이어 입장에서는 무역 선급금을 보낸 상태이기 때문에 빨리 영업을 해 매출을 일으키고 싶어 한다. 만약 늦어지거나 늘어진다면 보이지 않는 손실로 이어지기 때문에 납기 클레임을 걸수 있다.

✔ 신뢰적인 측면

무역 계약을 하면, 수출자와 바이어 각각에게 의무가 생긴다.
수출자는 약속된 품질과 수량을 약속된 날짜에 보내는 것!
바이어는 약속된 날짜에 자금을 집행하는 것!
그러므로 ETD와 ETA는 앞으로 있을 비즈니스에 대한 신뢰적 징표라고도 볼 수 있다.

무역을 이루는 3요소는 수출자, 수입자, 물류다. 물류에 대해 잘 이해하고 있어야 운송 클레임을 방지할 수 있고, 비교 견적을 통해 운송비를 절약할 수 있다. 특히 CY, FCL, CFS, LCL을 정확히 이해해야 깔끔한 수출입이 가능하다.

선사가 자체 선박을 가지고 FCL만 취급한다면 포워더는 자체 선박을 보유하지 않고 선사의 컨테이너를 받아 여러 수출자의 화물을 한 컨테이너에 혼적 하는 LCL을 주로 취급한다(당연히 FCL도 취급함). 또한, FCL 수량보다는 적고 LCL 수량보다는 많을 경우에는 FCL 가격이 싼 경우도 의외로 많은 만큼 견적서를 꼼꼼히 볼 필요가 있다.

✔ CY(FCL) → CY(FCL)

CY는 컨테이너를 쌓아 놓는 곳, FCL는 한 컨테이너를 꽉 채운 것이다. FCL은 당연히 CY에 있고, CY에서 출발해서 CY로 간다. 말했듯 선박 회사(선사)는 FCL만 취급하고, 포워더는 FCL, LCL 모두 취급한다.

✔ CFS(LCL) → CFS(LCL)

CFS은 화물을 적입하거나 적출할 때 분류 작업하는 장소다. LCL은 한 컨테이너를 다 채우지 못하는 소량 운송이다. 이 때, CFS에서 혼적을 하게 되고, 견적서를 받으면 CFS 비용(CFS charge)을 볼 수 있다. 당연히 국내 CFS에서 출발해 해외 목적지의 CFS로 가며, 선사가 아닌 포워더에서만 취급한다. 혼적 과정에서 분실의 위험이 있기 때문에 위험 지역이나 국가, 개발도상국에 보낼 때는 특히 조심해야 하고, 만약 하게 될 때는 그 지역의 전문 업체와 먼저 상의하는 것이 좋다.

또, 포워더가 해상 운송 외에 관세사 업무와 내륙 운송 업무도 서비스 차원에서 대행해 주기 때문에 수출자와 수입자 입장에서는 쉽고 편하게 물류를 진행할 수 있다. 그러므로 포워더를 선정할 때는 비용뿐 아니라 그 지역에 경험이 풍부한 업체인지, 어디까지 서비스해 주는지 업무 범위를 꼭 체크해야 가성비와 안전성을 극대화할 수 있다.

운송비는 시즌별, 지역별, 이벤트별로 변동이 발생하기 때문에 타이밍만 잘 잡으면 운임료를 줄일 수도 있다.

✧ Freight collect vs Freight prepaid

'Freight collect'와 'Freight prepaid'는 B/L에서 흔히 보는 용어로, '운송비를 누가 지불할 것인가?'다.

- Fright collect: 착불
- Fright prepaid: 선불

택배에서의 선불과 착불 개념으로 보면 된다. 무역 계약 시 인코텀즈에 따라 오퍼 가격이 정해지고, B/L상에 누가 운임비를 내는지를 나타내기 위한 목적으로 표기되지만, 인보이스와 패킹 리스트에는 당연히 이런 문구는 없다(필요시, 표기하는 경우는 있음).

우리가 비즈니스에서 사용할 때는 인코텀즈와 연동해서 가격을 오퍼할 때다. FOB 가격은 수출자가 선적 전까지의 가격을 부담하므로 해상 운송비는 당연히 Freight collect(착불), CIF는 해상 운송비를 포함한 가격이므로 Freight prepaid(선불)!

CIF 조건에서 P/I를 쓸 때는 오퍼 가격과 운송비를 따로 분리해서 작성하기도 하고, 오퍼 가격에 운송비를 녹여서 작성하기도 한다. 당연히 어디에 어떻게 마진을 붙일지를 고민해야 한다. 바이어가 CIF를 요청하는 경우에는 바이어가 정말 생초보이던가, 귀찮던가, 자신이 낸 운송 견적과 비교하는 경우인 만큼 수출자가 비즈니스 상황을 잘 파악해야 한다.

FOB로 진행할 경우에는 제품이 준비되면 수출자가 포워더에게 연락하는 것이 아니라 바이어가 포워더를 선정하고, 포워더 정보를 수출자에게 전달한다. 이에 맞춰 선적 스케줄을 잡고, 줄고하면 된다.

✧ HS 코드(HS code)

HS 코드는 상품의 명칭이 나라마다 다르기 때문에, 무역 상품을 숫자 코드로 통일시킨 것이다. 우리나라는 HSK라고 해서 10단위까지 사용하고 있고, 나라마다 조금씩 다르기 때문에 실무에서 꼭 확인해야 한다.

수입할 때 세금을 낮추고자 인보이스에 언더 밸류할 생각만 하는 경우도 있지만, HS 코드를 잘못 정하면 세금 폭탄을 맞는다는 사실! HS 코드를 무엇으로 지정하느냐에 따라 수입 화물의 세율이 결정되기 때문에 신중을 기해야 한다.

즉, HS 코드에 따라 관세율, 통관 요건, 관세 감면 등의 내용이 크게 달라지는 만큼 HS 코드를 정확히 분류하는 것이 중요하지만, 품목 분류는 보는 사람의 관점에 따라 달라지는 주관적인 요소가 커서 사람과 국가마다 동일한 물품에 대해 서로 다른 HS 코드를 사용하기도 한다. 간혹, 수출할 때의 HS 코드와 수입할 때의 HS 코드가 다른 경우도 있으나 기본적으로 수출국 입장에서는 수입국에 내는 관세를 줄이기 위해 관세율이 낮은 HS 코드를 선호하고, 수입국 입장에서는 관세율이 높은 HS 코드를 선호한다. 결국, 신제품을 개발해서 수출하거나 새로운 제품을 수입해서 HS 코드를 정할 때는 신중하게 판단해서 상품에 유리한 코드를 부여해야 한다.

✧ 크레딧 노트(Credit note) vs 데빗 노트(Debit note)

수출을 하든 수입을 하든 예상치 못한 변수로 인해 상대방에게 돈을 더 받아야 하는 상황도 있고, 더 내야 하는 상황도 생긴다. 무역에서는 구두 통보는 통하지 않고, 증빙 자료와 수입, 수출자 양자 간의 동의가 있어야 한다. 이때, 받아야 할 금액을 요청하는 게 데빗 노트, 줄 돈을 적어서 확인시켜 주는 것이 크레딧 노트다.

- ➡ 데빗 노트(Debit note): 받아야 할 금액을 요청
- ➡ 크레딧 노트(Credit note): 줄 돈을 적어 확인시켜 줌

예를 들어, 내가 수출자이고 10원씩 10개를 선적했는데 그중 3개에 불량이 났을 때, 3개에 해당하는 30원을 바이어가 리펀드(refund, 환불)해 달라고 한다면 단순히 구두로 '다음에 줄게' 또는 '다음에 받을게'는 안 된다는 것이다.

수출자로서는 줄 돈이 발생했으므로 30원 크레딧 노트를 발행하면서 차기 오더에서 제외하던지, 바이어 입장에서는 30원짜리 데빗 노트를 발행하면서 차기 오더에서 제외해야 한다. 대부분은 차기 오더에서 빼면서 오더를 지속적으로 유도하는 경우가 많다.

그 외에도 적용되는 사례로 예상치 못하게 오버된 수량, 급작스러운 단가 인상, 수량 부족과 제품 하자로 인한 반품 등의 예가 있다. 하지만, 크레딧 노트와 데빗 노트로 당장의 수량 부속

과 제품 하자를 대비할 수는 없기 때문에, 출고 시 RMA((Return material authorization, 대체품 교체)라는 명목으로 여분을 미리 넣어 빠른 대응으로 바이어의 불편을 막을 수도 있다. 즉, RMA를 잘 활용하면 큰 도움이 되는 경우가 많다.

✧ 쉬핑 마크(Shipping mark) 활용법

수출과 수입을 할 때 상자 양쪽 측면 중 한 군데에서 Shipping mark를 봤을 것이다. 상자에 인쇄되어 있기도 하고, 프린트해서 붙인 것도 있다. 딱히 정해진 형식은 없고, 업체와 오더마다 차이가 있긴 하지만 다이아몬드 모양 안에 바이어 회사명(영문), 목적지, 오더 넘버(P/I or P/O), 제품명, 수량과 포장 번호, 원산지 중 자유 형식으로 필요한 정보만 골라서 쓴다. B/L에는 다이아몬드 모양은 빼고 정보를 입력하며, 포장을 나타날 때는 아래처럼 약자로 표기한다.

- ⇢ Case number는 C/No
- ⇢ Pallet number는 PLT No
- ⇢ Carton Box는 CT No

그렇다면 쉬핑 마크는 왜 사용할까? 포장 작업을 하다 보면 여간 귀찮은 게 아니고, 바이어마다 다른 양식을 요구하기도 하기 때문에 상자에 인쇄해서 관리하기도 쉽지 않은데 말이다.

이는 바이어나 포워더 입장에서 화물을 쉽게 구분하기 위해 필요한 작업이다. FCL 같은 경우는 20ft, 40ft처럼 수출자가 수입자에게 통째로 하나를 보내기 때문에 화물이 섞여 혼란을 주는 경우는 없다. 그렇기 때문에 쉬핑 마크에 오더 넘버, 모델명, 컬러, 수량을 간략하게 적음으로써 바이어의 창고에서 하차 작업 시 분류가 용이하게 하는 정도로만 쓰인다.

그러나 LCL의 경우에는 좀 다르다. 한 컨테이너에 여러 회사의 제품이 섞이기 때문에 쉬핑 마크가 필요하다. 없다면 도착해서 물건을 찾을 때 여러 회사의 물건이 섞여서 분실의 위험이 크다.

실제로 보면 쉬핑 마크는 FCL보다는 LCL이나 항공(Air) 운송에 자주 사용되고, 편의성을 위한 작업이지 필수 작업은 아니다. 그러나 포장된 화물의 숫자가 많다거나, 포장된 화물의 규격이 작다거나, 쉬핑 마크를 꼭 원하는 국가일 경우, 바이어와 상의 후 작업 여부를 결정하는 것이 좋다.

쉬핑 마크 작업 시 주의할 점은 인보이스, 패킹리스트, B/L 같은 선적 서류를 작업하는 과정에서 쉬핑 마크의 정보와 내용이 불일치하는 경우도 종종 있기 때문에 주의해야 한다는 것이다.

✧ 데모리지 차지(Demurrage charge) vs 디텐션 차지(Detention charge)

Demurrage charge와 Detention charge는 앞서 나온 용어들과 달리 상당히 생소할 것이다. 해외 영업, 해외 마케팅, 무역 사무 경력자라도 낯설 수 있는 용어이지만, 이로 인해 예기치 않는 비용이 발생하는 만큼 꼭 알아야 한다.

이는 선사가 허용한 보관 일수(free time)를 초과하면 선사가 그 일수만큼 청구하는 개념으로, FCL CY에서 발생한다. 선사의 수익 구조에 해상 운임비뿐 아니라 컨테이너 대여비도 있기 때문에 회전율에 따라 비용이 추가로 발생하는 것이다. 물론 일정 기간 'free time'이 있어 대부분은 신경 안 쓰고 넘어가기는 하지만, 무역 분쟁, 무역 대금, 통관과 관련된 사건, 사고로 인해 지체료가 발생할 수 있는 만큼 꼭 주의해야 한다.

우리가 일반적으로 Demurrage charge를 경험하는 경우는, 수출 시 출항 날짜에 비해 컨테이너가 너무 빨리 들어가는 경우와 수입 시 배는 도착했는데 컨테이너를 너무 늦게 찾아가는 경우가 있다. 컨테이너에 'free time'이라고 하는 보관 기간이 있으므로, Demurrage charge는 이보다 너무 빠르거나 늦을 때 발생한다고 보면 된다. 수출에서는 Demurrage charge가 잘 발생하지 않는데, 그 이유는 연장하는 방법이 있기도 하고 공장 입장에서도 생산이 완료되면 바로 출고해야 다음 생산 일정과 출고 스케줄이 잡히는 탓에 컨테이너 부킹을 최대한 맞춰서 진행하기 때문이다.

그러나 수입에서는 조금 다르다. 도착하자마자 바로 컨테이너를 빼 가는 게 가장 좋지만, T/T에서 잔금을 못 치러 B/L을 못 받아서 수입자가 컨테이너를 free time 내에 못 빼고 항구에 두는 경우나 수입자의 수입 상황이 여의찮아 갑자기 보류되는 경우가 대표적이다.

T/T 문제가 해결되지 않는 경우, 수출자가 B/L을 수입자에게 넘겨주지 않고 Ship back 결정까지도 하기 때문에 Demurrage charge가 발생한다. 또, 수입자의 수입 창고에 문제가 발생하거나 통관상의 이유로 지연돼 발생하는 Demurrage charge도 항상 염두에 둬야 한다.

Detention charge는 수출 시 수출자가 컨테이너 부킹(booking) 후에 CY에서 컨테이너를 가지고 가서 자기 창고에 오래 보유하는 경우, 수입할 때 CY에서 컨테이너를 빼 가서 다시 반납하지 않는 경우에 발생한다. 한마디로 컨테이너를 가져가서 돌려주지 않는 경우 발생하는 비용이다. 수출할 때는 연장 개념이 가능해 큰 문제가 없으나 수입할 때는 종종 발생한다.

✧ 무역 서류에 따른 수출자, 수입자 명칭 변화

가장 흔하게 접하는 무역 서류 3대장인 인보이스, 패킹리스트,

B/L 외에 자주 접하는 서류로는 무역 계약서, 신용장(L/C), 환어음(Draft)이 있다. 각 서류를 자세히 보면 우리가 일반적으로 알고 있는 수출자와 수입자가 'Exporter'와 'Importer'와는 다르게 표기된다는 것을 알게 된다.

수출자(Exporter)는 무역 계약서에서는 'Seller', 신용장에서는 'Beneficiary', B/L에서는 'Shipper', 환어음에서는 'Drawer'라고 불린다.

수입자(Importer)는 무역 계약서에서는 'Buyer', 신용장에서는 'Applicant', B/L에서는 'Consignee', 환어음에서는 'Drawee'라고 불린다.

정리하면 다음과 같다.

- 일반적 호칭으로는 Exporter vs importer
- 무역 계약서에서는 Seller vs Buyer
- 신용장에서는 Beneficiary vs Applicant
- B/L에서는 Shipper vs Consignee
- 환어음에서는 Drawer vs Drawee

특히 무역에서 매우 중요한 무역 서류 3대장인 인보이스, 패킹리스트, B/L에서는 수입자를 Buyer라고 쓰지 않는다는 사실.

Part 03

무역 대금 지급 방식

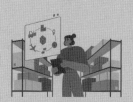

✧ T/T와 L/C 중 무엇이 더 좋고 안전할까?

무역에서는 두 가지 결제 방식을 가장 많이 사용한다.

- ➡ 현금으로 바로 주는 선급금이 있는 T/T
- ➡ 선적 후 네고해서 무역 대금을 받는 L/C

L/C는 선급금이 없지만 출고하면 바로 은행 네고를 통해 현금화가 된다. T/T처럼 선납금과 산금 없이 한 방에 끝나지만 그렇다고 100% 안전한 것은 아니다. 그렇다면 어떤 것이 더 안전할까?

혹자는 "안전하기로는 L/C 아닙니까?"라고 말하기도 하지만, 무역 거래는 사람이 하는 거래이기 때문에 항상 위험에 노출되어 있다고 볼 수 있다. 업계에서 오죽하면 "걸어 다니면서 돈을 줍는 것처럼 보이지만 등에는 항상 위험성을 메고 다닌다."라고까지 말하겠는가? 결국, L/C가 되었든 T/T가 되었든 중요한 것은 신뢰다. 그래서 L/C와 T/T를 선택하기 전에, 이 업체를 어디까지 믿을 수 있는가에 대한 다각적인 조사와 검토가 이루어져야 한다.

그런데, T/T든 L/C든 둘 다 100% 안전할 수는 없지만 많은 경우 T/T를 선호한다. 왜일까?

- ➡ 선급금을 통한 오더 취소 예방 가능!
- ➡ 선급금을 통한 자금 융통 가능!

대기업이 아닌 이상 기업에서 수출 파트는 항상 자금에 쫓긴다. 그래서 잔금에 대한 위험 요소는 있지만 선급금을 받아 자금 융통을 돕는 T/T를 선호하는 편이다.

◇ T/T는 언제, 얼마나 받아야 할까?

무역을 하는 이유는 당연히 돈을 버는 것이다. B2C가 아닌 B2B 거래를 하는 이유 역시 한 방에 많은 돈을 벌려는 것이다.

앞서 T/T 거래의 장점을 잠깐 이야기했다. 그러나 T/T와 L/C 모두 장단점이 있기 때문에, T/T에서 정말 중요한 포인트는 "몇 퍼센트를 어느 시점에 받느냐?"라고 말하고 싶다. 여러분이라면 언제 선급금을 받고 싶은가?

① 계약 시 받는다
② 출고 전에 받는다
③ 출고 후에 받는다

대부분 당연히 첫 번째를 선호하지만 바이어는 아니다. 대부분 계약 시 오더금액 100%를 다 받고 싶겠지만 바이어는 또 싫어한다. 그래서 단순히 'T/T in advance'라고 말하지만, 수출자와 바이어(수입자) 간의 세밀한 협상이 필요하다. 신뢰가 생기기 전 일어나는 첫 거래라면 내 입장에 맞추기란 더욱 힘들다. 그래서 협상도 무역 대금 시세와 트렌드를 알아야 잘할 수 있다. 일반적으로 T/T 결제의 기준은 다음과 같다.

➥ 배 뜨기 전에 선급금!
➥ 배 뜬 후에 잔금!

선납금의 기능은 바이어가 해당 오너를 취소하시 못하게 하는 것도 있지만, 원자재 확보를 위한 자금을 충당한다는 현실적인 부분도 있어 수출자는 가급적 빠른 시기에 많이 받으려 한다. 묵

시적이고 보편적인 비율은 '선급금 30%:잔금 70%'이다. '출고 전 30%! 도착 전 70%!' 여기서 조율을 시작한다. 그런데, '출고 전 30%'도 다음처럼 다양한 경우로 나누어진다.

✔ 출고 전 30%를 받는 경우의 수

① 10%는 계약 시, 20%는 공장 출고 전에 받는 경우

② 30%를 계약 시 또는 검품 시 받는 경우

③ 30%를 P/I를 쓰고 1주일 또는 2주일 안에 받는 경우

④ 30%를 공장 출고 후와 출항 전에 받는 경우

'도착 전 70%'를 받는 경우는 일반적으로 다음의 두 경우다.

✔ 도착 전 70%를 받는 경우의 수

① 배 도착 전 잔금 70%를 다 받는다.

② B/L과 맞바꾼다.

이렇게 다양한 기준을 두고 조율을 한다. 여기서 중요한 것은 수출자 입장에서는 무역 대금을 100% 다 받지 않으면 물건을 양도하지 않아야 한다는 것이다. 그러나 이렇게 정했다고 문제가 사라지지는 않는다. 수출자 입장에서 배가 도착했는데 바이어가 잔금을 치르지 않았다고 물건을 Ship back 하는 것도 현실적으론 어렵다.

바이어 입장은 선급금을 줄 때는 을이었지만, 배가 뜬 후로는 갑으로 바뀐다. 그러면 그때부터는 수출자는 잔금에 관해 걱정하게 되고, 잔금과 B/L 양도 사이에서 고민하는 일도 벌어진다. 그렇기에 바이어와 신뢰가 쌓이기 전까지는 배를 띄우지 않고도 다 받는 조건을 어떻게든 성사시키려고 노력한다. 예를 들어, 가격을 낮춰준다거나 납기를 앞당기는 등 취할 수 있는 방법을 다 찾아 바이어가 믿을 수 있는 조건을 회사 입장에 맞게 연구해 제시할 필요가 있다.

물론, 바이어가 여유가 있다면 선심 쓰듯이 대금을 일찍 주는 경우도 있고, 수출자가 여유가 있고 향후 오더를 생각해 선심을 쓰는 경우도 있기 때문에 사례는 다양하다. 또, 누구나 탐내는 아이템을 보유한 수출자라면 바이어에게 계약 시 30% 이상을 요구할 수도 있지만, 리스크 관리 차원에서 바이어가 허용하지 않기 때문에 선급금 30% 이상으로 거래하기란 쉽진 않다. 그렇다면 계약 시 바이어가 선급금 30%라도 바로 지급하게 하려면 어떻게 해야 할까?

바이어가 불안해하는 부분! 즉, 출고는 확실히 하겠다는 신뢰를 심어주는 것이 관건이다. 협상에서 MOQ, 단가, 납기로 설득하는 것보다는 출고와 품질에 대한 확신을 어떻게 심어줄 것인가에 대한 고민, 회사 신뢰도 상승에 관한 연구가 필요하다. 특히 바이어는 비즈니스 상담에서 제품에 대한 신뢰뿐 아니라 그 제품을 지속적으로 양산하고 업그레이드할 수 있는 회사인지 다각도에서 수출자를 검증하려 하기 때문에 상담 전, 후로 이점을 염두해서 준비를 해야 한다.

✧ L/C 무역 대금, 100% 믿을 수 있을까?

과거에는 L/C를 많이 사용했으나 최근에는 T/T를 더 선호하는 경향이 생겼다. 수출자 입장과 수입자 입장이 엄연히 다르기에 어느 하나가 더 유리하고 좋다고 콕 짚어 말하기는 어렵다.

비즈니스, 그것도 무역에서는 신뢰가 중요하다. 그렇게 보면 L/C 거래도 신뢰를 근간으로 하기 때문에, 신뢰가 없다면 그게 L/C라도 100% 안심할 수는 없다. L/C 무역 거래의 흐름을 알아보자.

> 계약이 이루어지면 이를 근거로 바이어가 은행에 가서 L/C를 오픈함 → L/C의 개설과 중요 내용을 수출자에게 전달함 → 수출자는 무역 대금에 대한 확신을 갖고 물건을 준비함

누가 봐도 아주 깔끔한 방식처럼 보이지만, L/C 수령 후에는 다음과 같은 위험 요소를 면밀히 살펴봐야 한다.

✔ 신용장 진위 여부 확인

신용장이 가짜인지 진짜인지 확인한다. 면밀히 살펴서 나쁠 것
은 없다.

✔ 취소 불능 신용장인지 확인

바이어가 바보가 아니라면 이 정도는 누구나 아는 것이기 때문
에 장난을 치진 않는다. 그래도 확인해야 한다.

✔ 내용 확인

계약 금액, 유효 날짜, 선적 날짜, 분할 선적 여부 등등을 확인
한다. 실수인지 의도인지는 모르지만, 사전에 약속된 것과 다른
내용이 있는 경우도 발생한다. 이럴 경우에는 즉시 수정(amend)
을 요청한다. 출고 준비 시점에서의 수정 요청은 바이어가 받아
주지 않을 수 있기 때문에 L/C를 받자마자 하는 것이 좋다.

✔ 추가 서류 및 구비 서류 확인

선적 후 은행에서 네고할 때 필요한 구비 서류는 중요하다. 서
류가 완벽히 준비되지 않으면 하자 네고가 된다. L/C에 기입된
기본 서류는 인보이스, 패킹리스트, B/L이고, 원산지 증명서, 검

품 확인서 등 바이어의 요구 서류가 추가로 기입된다. 그런데 여기서 장난을 많이 친다. 아주 까다롭고 정교하게 꼬아서 준비하기 어렵게 만드는 것이다. 이런 경우도 생산 전에 즉시 수정 요청을 해야 한다. 한마디로, 합의된 사항이 아니면 무조건 수정 요청을 해야 한다고 보면 된다. 말이 애매하거나 합의된 사항이 아니거나 받아주기 어려운 무리한 조건과 요구가 있다면 즉시 바이어에게 요청해 다시 협의한다.

✧ D/P(Documents against payment), D/A(Documents against acceptance) 비교

L/C와 T/T에 가려져서 잘 쓰지는 않지만 D/P와 D/A에 대해서도 알아두면 계약에 도움이 된다. 두 거래의 공통점은 은행을 통하지만 은행은 절대 책임을 지지 않는다는 것이다.

또, 선급금이 없는 외상 거래라서 선적 후 수입자가 돈을 안주면 딱히 받을 방법이 없다. 그렇기 때문에 수입자의 신용 조사를 하거나 수출 보험을 드는 등 여러 방지책을 고민해야 해 웬만하면 추천하지는 않는 무역 대금 방식이다.

D/P는 수입자가 선적 서류를 받고 물건을 찾고 싶으면 즉시 은행에 무역 대금을 지급하면 된다. 프로세스는 선적 후 수출자가

은행에 선적 서류와 함께 환어음 추심[2]을 의뢰하게 되고, 수출자의 거래은행과 수입자의 거래은행을 통해 수입자에게 통보를 한다.

수입자가 물건을 찾고 싶으면 은행에 대금을 지급하고, 그 대금이 결국 수출자에게 전달되는 프로세스다. 수입자가 돈을 안 주면 물건을 못 찾기 때문에 수출자는 안전하다고 생각할 수도 있으나 실제로 수입자가 돈도 안 주고 통관도 안 시키고 시간을 끌면 딱히 답도 없다는 사실!

D/A는 수입자가 선적 서류를 먼저 받고 통관시킨 다음, 무역 대금은 만기일에 지급하는 개념이다. 기본 프로세스는 D/P와 같지만, D/P처럼 수입자가 바로 결제하지 않아도 물건을 먼저 찾을 수 있다는 점이 큰 차이다.

우선 선적 서류를 통해 상품을 찾은 다음, 향후 만기일에 무역 대금을 지급하는 형식이기 때문에 수입자 입장에서는 상당히 좋지만, 수출자에게는 최악의 방식이다. 그렇기 때문에 실제로는 본사와 지사 간의 거래처럼 확실한 거래에서만 쓰인다고 보면 된다.

---

2) 돈을 받아달라는 뜻

COD와 CAD는 수출자가 물건을 먼저 선적하고 물품 대금은 선적 후에 받는 방식이기 때문에 수출자에게는 불리한 결제 조건이고, 수출국 또는 수입국에 대리인(또는 지사)이 있어야 가능한 결제 방식이다.

COD는 도착지에서 물건을 확인한 후 물건을 인수 인도함과 동시에 대금 결제가 이루어지고, CAD는 선적지에서 선적을 마친 후 해당 서류를 인수 인도함과 동시에 대금 결제가 이루어지는 프로세스다.

COD는 수출자가 물품을 선적하고, 선적 서류는 화물 인수자(Consignee)를 수출자의 대리인으로 지정하거나, 'To order of~'의 형식으로 진행한다. 물건이 도착하면 수출자의 대리인과 수입자가 검품을 하고, 문제가 없다면 물품 인도와 동시에 무역 대금 지급이 이루어진다. 보석과 같은 귀금속이나 고가의 반도체처럼 직접 물품을 검사하기 전에는 품질 등을 정확히 파악하기 어려운 경우에 사용한다.

CAD는 수출자가 물품을 선적한 후, 수출국에 주재하는 수입자의 대리인(또는 지사)에게 선적 서류를 인도함과 동시에 물품 대금을 지급받는 결제 방식이다. 수입자의 대리인(또는 지사)이 상황에 따라 수출국 내의 물품 제조 과정을 점검하고 검품을 진행하는 역할을 하기도 한다.

◇ 무역의 기본 조합, FOB+B/L+L/C 또는 T/T

다음의 4가지를 무역에서 가장 많이 사용하기 때문에 정확한 활용법만 알면 무역업이 처음이더라도 일단 일을 시작할 수 있다.

✔ 가격은 'FOB'

FOB는 공장 출고가+트럭킹 비용(내륙 운송료)+수출제비용까지 산출한 가격으로, 출고할 때는 바이어로부터 포워더 정보를 따로 받는다. '수출 가격은 FOB'라는 말이 나올 정도로 대중적인데, 그 이유는 수출자 입장에서는 한번 가격을 세팅하면 해외 어떤 국가라도 즉시 오퍼가 가능하고, 바이어 입장에서는 자신이 수입 전문가라 가격과 서비스가 훌륭한 포워더 파트너를 이미 알고 있기 때문에 서로에게 편한 인코텀즈여서다.

✔ 무역 대금은 'T/T' 또는 'L/C'

앞서 살펴봤기 때문에 짧게만 정리하겠다. T/T는 선급금이 있다는 장점이 있지만 잔금을 못 받을 가능성이 존재해 무역의 사건 사고는 여기서 많이 발생한다. T/T를 진행할 때는 당연히 '언제, 얼마나 받느냐'가 중요하다.

보통 계약 시 30%, B/L을 맞바꾸는 조건으로 70%로 진행하지만 수출자가 갑이면 당연히 더 유리한 조건으로 진행되기도 한다. T/T로 인해 오더가 깨지는 경우가 많은 만큼, 바이어 상담 전에 가능 범위를 내부적인 가이드라인으로 정해두어야 한다.

T/T의 잔금 리스크를 보완하고자 처음부터 L/C로 진행하는 경우도 있는데, L/C의 종류에는 at sight와 usance가 있다. 이는 다음 주제에서 더 상세히 살펴보겠다.

✔ 물건 양도, 양수는 'B/L'

B/L(선하증권)은 인코텀즈가 FOB든 CIF든 모두 수출자가 갖는다. 수출자가 수출제비용까지 지급하면, 포워더는 B/L을 발행하고, FOB 조건일 경우에는 'freight collect'라는 표시가, CIF 조건일 경우에는 'freight prepaid'라는 표시가 붙는다.

B/L은 오리지널 B/L이 기본이지만, 서랜더 B/L이 필요할 때는 포워더에게 요청하면 된다. 서랜더는 말했듯 지리적으로 가까운 국가에 보낼 때, 즉 오리지널 B/L을 특송으로 보내는 것보다 배가 빨리 도착하는 경우에 많이 사용한다. 또는 무역 대금이 완납되었고, 바이어가 요구할 때 보내기도 한다. 이는 바이어가 물건을 빨리 찾을 수 있게 돕는 절차로 보면 되는데, 한 번 발행하면 낙장불입(落張不入)임을 명심해야 한다.

L/C는 크게 At sight와 Usance로 나누어지고, Usance는 Banker's usance와 Shipper's usance로 나누어진다. 은행 네고를 할 때 At sight는 통장에 바로 돈이 들어오고, Usance는 '30days usance'처럼 일정 기간을 기다려야 돈을 받는 것이 기본 원칙이다. 대부분 무역 대금은 At sight로 받아야 한다고 고집하지만, 수출자 입장에서 보면 L/C at sight 조건과 L/C banker's usance는 같은 조건이므로, LC banker's usance를 받았다고 해서 크게 흥분할 필요는 없다.

만약 Usance인데 At sight처럼 바로 돈을 받고 싶다면, 그 기간 동안의 이자를 지불하면 가능하다. 그때, 그 이자를 수출자가 낸다면 'Shipper's usance', 수입자가 낸다면 'Banker's usance'다.

결국, At sight와 Banker's usance가 수출자에게는 같은 개념인 반면, 수입자에게는 그 기간만큼 여신을 돌릴 수 있어서 수입자의 자금 상황에 따라 Banker's usance를 선택하게 된다. 각 경우의 정확한 절차는 다음과 같다.

✔ L/C at sight

수출자가 네고 서류를 제출하면, 은행이 수입사 은행 쪽으로 서류를 보내고 바이어가 확인한 후 대금 결제를 한다. 그 돈이 다시 수입자 쪽 은행에서 수출자 쪽 은행으로 송금되어 수출자에게 대금이 결제되는 프로세스다. 그만큼 서류 제출부터 대금이 통장에 잘 들어오기까지는 일정 기간이 소요된다.

이렇게 수출자가 서류를 제출한 후 결제가 될 때까지 기다려서 받는 것을 '추심', 기다림 없이 통장에 바로 돈이 들어오게 하는 것을 '네고'라고 한다.

일반적으로 수출자는 통장에 바로 돈이 꽂히기를 원하기 때문에 네고를 하는데, 네고를 하면 며칠간의 이자액을 내야 한다. 이를 '환가료'라고 한다.

다시 말하면 'At sight'라고 해도 그 안에서는 '추심'이라고 해서 서류가 가고 무역 대금이 들어오는 며칠을 기다릴 것인가, 아니면 '네고'를 해서 그 기간의 환가료를 떼고 바로 돈을 입금받을 것인가의 두 경우 중 수출자가 결정해야 하는데, 환가료가 많지 않은 만큼 대부분 네고를 한다.

At sight는 선급금은 없지만 출고 후 바로 자금화되기 때문에 아직 상호 신뢰가 구축되기 전인, 첫 거래일 때 보통 사용하고, 바이어 입장에서도 T/T 선급금에 대한 부담을 덜 수 있어서 선호하는 편이다.

✔ **Usance: Banker's usance, Shipper's usance**

Usance L/C는 일정 기간 후에 물품 대금을 받는 것인데, 역시 그 기간을 기다리던지(추심), 아니면 바로 통장에 돈이 입금되게 할지를(네고) 결정해야 한다. 네고 즉시 돈이 꽂히게 하려면,

그 기간만큼의 이자를 내면 된다.

- ➥ 수출자가 이자를 내면 Shipper's usance
- ➥ 수입자가 이자를 내면 Banker's usance

일반적으로 Usance L/C를 할 때는 Banker's usance로 한다. 그 이유는 Shipper's usance를 수출자가 엄청 싫어하기 때문이다. 그렇기 때문에 L/C를 받자마자 Banker's인지 Shipper's인지를 꼭 확인해야 한다.

그렇다면 우리는 궁금하다. 수출자 입장에서 At sight와 Banker's usance가 같다면 왜 수입자는 Banker's usance를 할까?

은행 입장에서 보면, 은행이 먼저 수출자에게 돈을 주고 Usance 기간 후에 수입자에게 결제를 요청하기 때문에, 추후 수입자로부터 기간 이자를 포함한 무역 대금을 받는다고 해도, 수입자의 파산이나 폐업에 대비하여 그만큼의 담보를 설정해서 리스크 관리를 하게 된다. 수입자(바이어)는 Usance 기간만큼 영업 활동에 쓸 시간을 벌기에 자금 운영에 여유가 생긴다.

Part 04

중요 무역 서류

✦ 인보이스(Invoice)와 패킹리스트(Packing list)

인보이스와 패킹리스트는 수출자가 직접 만들기 때문에 바이어의 요청에 의해서나 통관상의 이유로 재발행이 가능하지만, B/L은 패킹리스트를 근거로 포워더(또는 선사)가 만들기 때문에 재발행이 불가능하다.

우리가 흔히 쓰는 인보이스는 두 가지다. 샘플 인보이스(Sample invoice)와 커머셜 인보이스(Commercial invoice)!

✔ 인보이스

① 커머셜 인보이스(C/I)

수출 물품에 대해 바이어에게 대금 청구서 역할을 하고, 수입 통관 시 관세 증빙 자료가 되기 때문에 관세를 낮추고자 언더 밸류하기도 한다.

② 샘플 인보이스

해외 출장 시 샘플을 가지고 갈 경우나 해외에 샘플을 보낼 때 사용한다. 단가는 최소 금액으로 하고 "No commercial value", "Free of charge" 같은 문구를 넣는다. 나라마다 통관 시스템이 다른 만큼 샘플을 보내기 전에는 바이어에게 'Consignee, Notify party, Remark, Unit price'를 컨펌받는 것이 좋다. 통관에 대해서는 바이어가 가장 잘 알고 실전 경험이 풍부하다는 점! 명심하자.

✔ 패킹리스트

패킹리스트에는 인보이스에 넣는 'Consignee, Notify party, Remark'는 동일하게 들어가지만, 금액 대신에 '수량, 무게, CBM, 컨테이너 정보'가 들어간다.

어떤 컨테이너, 어떤 상자에 어떤 물건이 얼마나 들어가 있는지를 정확히 기입하는 것이 핵심이고, B/L은 패킹리스트를 기준으로 만든다는 점! 명심하자.

인보이스, 패킹리스트, B/L은 무역 서류라고 쓰고 선적 서류라고 읽을 정도로 선적에 있어 필수 서류다. 중요하지만 비슷한 실수가 나오는 만큼 자주 하는 실수를 한번 점검할 필요가 있다.

✔ Consignee(수하인) 부분

회사 주소, 담당자, 전화번호처럼 기존에 알던 바이어 정보를 넣는 경우가 많은데, 실제로는 다른 경우도 많으므로 출고 때마다 바이어로부터 정보를 받아야 한다.

✔ Notify party(통지 대상) 부분

이전 출고 건을 그대로 복사해서 쓴다거나 Consignee와 동일하게 쓰는 경우가 많다. 'Consignee'처럼 출고 때마다 다른 경우도 많기 때문에 이 부분 또한 바이어로부터 매번 정보를 받아야 한다. 참고로 Consignee는 그 출고(선적) 건에 대한 수입자를 말하고, Notify party는 그 수입자 이거나 대리인일 수도 있다.

선박 정보와 출항 날짜는 처음에는 빈칸으로 두고 포워더에게 전달하는 경우가 많다. 그 이유는 비록 선적 스케줄이 나와 있다 하더라도 유동성이 있기 때문에 매번 바꾼다는 것이 불편 하고 혼선이 있을 수 있기 때문이다. 즉, 인보이스와 패킹리스트 작성 초기에는 빈칸을 두고 진행하는 경우가 많다.

✔ 개별 단가와 총금액 부분

엑셀 수식으로 입력하는 경우가 많은 만큼 금액에 오타가 생기는 경우가 빈번하다. 인보이스는 무역 대금을 청구하는 서류인 만큼 꼼꼼히 봐야 한다.

✔ Remark 부분

빈칸으로 놔둘지, 원산지 표기를 할지 바이어의 요청을 꼭 확인한다. 인코텀즈 관련 정보를 넣는 경우도 있고, Payment(무역 대금)에 관한 부분을 넣는 경우도 있기 때문이다.

✔ 패킹리스트 부분

Shipper, Consignee, Notify party와 같은 정보는 인보이스와 동일하기 때문에 그대로 쓰지만, 제품 상세 부분에는 금액 대신 '수량, 중량, 컨테이너 넘버, 씰 넘버' 등을 적는다. 엑셀 파일로 만들다 보니 프린트했을 때 숫자가 잘 안 보인다거나, 컨테이너 넘버와 씰 넘버를 바꾸거나, 순 중량(Net weight)과 포장된 중량(Gross weight)을 바꿔서 표기하는 경우도 있고, kg을 g으로 표시하거나, set와 carton 표기를 섞어서 쓰는 경우도 있다.

B/L은 패킹리스트를 기준으로 포워더(또는 선사)가 만들기 때문에, 수출자가 의외로 방심하는 경우가 많다. 포워더 담당자 또한 당연히 실수할 수 있기 때문에 패킹리스트가 잘못되었는지, 단순 포워더의 오타 실수인지를 더블 체크해야 한다.

✧ 마스터B/L & 하우스B/L, 오리지널 B/L
& 서랜더 B/L, Telex release

우리가 흔히 보는 무역 B/L로는 마스터B/L, 하우스B/L, 오리지널B/L, 서랜더 B/L, Telex release가 있다. B/L 양식만 보면 비슷하고, 실무적으로도 통칭 'B/L'이라고 부른다. 선사는 컨테이너만 진행하고, 포워더는 컨테이너는 물론 LCL(소량 화물)도 진행한다.

- ➡ 마스터 B/L: 선사가 포워더에게 발행
- ➡ 하우스 B/L: 포워더가 개별 화주에게 발행

결국, 하나의 마스터 B/L은 포워더에 의해 여러 개의 하우스 B/L로 쪼개질 수 있다. 또, 오리지널 B/L이 없으면 수입자가 물건을 찾을 수 없기 때문에 수출자는 출고(선적) 후에 오리지널과 서랜더 중 무엇으로 진행할지를 결정해야 한다. 말했듯, 오리지널로 진행할 경우에는 포워더로부터 받아 DHL과 같은 특송을 통해 보내는 게 일반적이지만 그만큼 시간이 걸리기 때문에 중국, 일본, 동남아처럼 지리적으로 가까운 곳에 보낼 때는 보통 서랜더로 진행하게 된다.

✔ 오리지널(Original) B/L

일반적으로 'B/L'이라고 하면 오리지널 B/L을 말한다. 기본 개념은 화물 주인이 선박 회사에 물건을 의뢰하고 선박 회사가 운송물을 받았음을 확인하고 그 화물을 지정된 목적지까지 운송하겠다는 약속 증권이라고 보면 된다. 원칙적으로는 이 증권을 가진 사람에게만 물건을 건네줘야 하기 때문에, 절대로 잃어버려서는 안 된다. 오리지널 B/L은 T/T 거래일 때는 바이어의 요청에 따라 발행 여부를 결정하지만, L/C 네고 때는 꼭 필요한 서류다.

✔ 서랜더(Surrender) B/L

권리를 포기한다는 뜻으로, 중국, 일본, 홍콩, 대만처럼 지리적으로 가까운 나라와의 무역에서 자주 사용한다. 거리가 가까워 배가 출항해 도착하는 시간보다 원본 B/L을 보내는 시간이 오히려 길 경우에 원본 서류 없이 바로 포워더에게 의뢰해 수입자가 받게 하는 시스템이다. B/L 상에 'Surrender'라는 도장을 찍음으로써 수출자는 화물의 소유권을 포기하고, 수입자는 화물을 찾을 수 있다. 서랜더는 수출자가 포워더(또는 선사)에 의뢰해서 진행하면 되지만, L/C 거래인 경우에는 L/C 네고가 있는 만큼 서랜더를 택하진 않는다. 즉, 지리적으로 가까운 곳과의 T/T 거래일 때 주로 사용한다. 실무를 하다 보면 많이 보이는 'Telex release'라는 문구는 '서랜더(Surrender)'와 같은 뜻이다.

이 두 형태의 B/L을 잘 이해해야 수출입 업무가 용이하다. B/L에서 꼭 알아둬야 하는 부분은 우리가 자주 쓰는 FOB 조건일 때, B/L 상에 'freight collect'라고 표시되고, B/L 소유는 수출자가 한다는 것이다.

❖ C/I(Commercial invoice), P/I(Proforma invoice), P/O(Purchase order)

C/I는 상업 송장으로 수출과 수입 신고에 쓰인다고 설명했다. 이 금액을 바탕으로 수출 실적이 잡히고 수입할 때는 이 금액을 바탕으로 세금을 내기 때문에 바이어의 요청에 의해 언더 밸류하기도 한다. 앞서 말했듯 인보이스에는 ① 커머셜 인보이스와 ② 샘플 인보이스가 있으며, 샘플 인보이스는 실제 오더가 아니기 때문에 주로 언더 밸류를 하고, 언더 밸류는 통관과 밀접한 연관이 있어 마음대로 임의의 금액을 적는 것이 아니라 바이어가 컨펌한 금액으로 진행하는 것이 가장 안전하다. 또, C/I는 패킹리스트, B/L과 항상 같이 다니며, 외환 수금이 될 때는 은행에 증빙 자료로 제출되기도 한다.

➠ C/I(Commercial invoice)는 금액 정보!

➠ P/L(Packing list)은 제품 정보!

➠ B/L(Bill of Lading)은 선적 정보!

C/I는 수출자가 작성하기 때문에 B/L과는 다르게 재발행이 되며, 출고 전 반드시 바이어로부터 선적 정보(Consignee, Notify party, Remark, etc)를 받아 진행한다.

P/I와 P/O에 관해서는 뒤에서 더 자세히 살펴볼 텐데, 여기서는 간단히만 짚고 넘어가려 한다.[3]

✔ P/I(Proforma invoice)에는 단가, 수량, 외환 계좌, 선적, 납기, 결제 정보!

P/I는 계약서 역할을 하기 때문에 가장 쟁점이 되는 것은 '단가, 수량, 납기, 무역 대금' 정도다. 수출자가 만들어 바이어에게 컨펌 요청을 하면 바이어가 확인한 후 P/O를 보내준다. 상황에 따라 P/O를 먼저 만들고 P/I를 나중에 만들기도 하며, P/I를 근거로 L/C를 오픈하거나 T/T를 발송한다.

'단가'는 오더 수량과 맞물리기 때문에 MOQ가 협상 카드로 자주 사용되는데, 현지에 판매되고 있는 유사 제품의 가격대를 먼저 조사해야 한다.

'납기'는 납기 클레임이 잦은 만큼 출고 날짜는 신중하게 언급

---

3) 'Part 5. 무역 계약과 수출 준비의 첫걸음'을 참고하자.

해야 한다. 납기 클레임이 발생하는 가장 큰 이유는 납기 날짜에 따라 바이어가 무역 대금 스케줄을 잡고, 마케팅과 영업 스케줄을 확정하기 때문이다. 한마디로 납기를 어기면 바이어 또한 손해를 봐서다.

'무역 대금'에 관해서는 강조했듯 T/T는 선급금이 있는 대신 잔금에 대한 리스크가, L/C는 선급금은 없지만 출고 후 은행 네고를 통해 현금화가 가능하다는 점을 기억하고 회사에 맞는 무역 대금 방식을 선택하면 된다.

✔ P/O(Purchase order)는 P/I와 내용이 일치하는 구매주문서!

P/O는 바이어의 구매주문서라고 볼 수 있다. P/I를 근거로 작성되기 때문에 큰 문제는 발생하지 않지만, P/O와 P/I의 내용은 일치해야 한다! 사인하기 전에는 합의된 부분들이 일치하는지 꼼꼼히 확인하고, 일치하지 않을 경우에는 즉각 수정해야 함을 명심해야 한다.

◈ 영세율과 구매확인서

영세율은 말 그대로 부가세 세금이 0%라는 것이다. 세금계산서를 발행하면 10% 부가세가 붙지만, 수출 제품에 한해서는 영세율이 적용된다. 수입 물품에 관해서는 당연히 해당 사항이 없다. 즉, 영세율 제도는 수출을 장려하기 위한 혜택이다. 수출을 위해 필요한 원자재나 완제품 구입 시 적용된다.

- ➡ 원자재를 구입해 완제품으로 만들어서 출고
- ➡ 완제품을 구매해 그대로 출고

또한, 수출에 필요한 원자재나 완제품 공급 업체도 무역 실적을 인정받는다. 무역 실적이 중요한 이유는 무역 금융을 비롯해 다양한 혜택을 받을 수 있기 때문이다.

프로세스는 최종 수출자가 이 제품을 수출했다는 증거 자료를 가지고(ex. 수출신고필증) 관세청 웹사이트에 들어가 신청하면 구매확인서를 받을 수 있고, 이를 제조사에 전달하면 제조사는 세무 신고 때 영세율 세금계산서와 구매확인서를 제출하면 된다.

Chapter 2

무역 계약과 해외 영업 그리고 마케팅

✧ 수출을 위한 필수 준비사항! 무엇이 있을까?

수출을 하려면 아이템, 바이어, 물류라는 3요소가 갖춰져 있어야 한다. 물류는 포워더가 진행하기 때문에 수출자가 선택할 것은 아이템과 바이어다.

수출을 한다고 할 때는 대부분 아이템이 확보된 상태에서 알아보는 경우가 많기 때문에, 만약 아이템도 없고 바이어도 없는 상태라면 그냥 접는 것이 좋다.

무역 초보자가 수출을 하고 싶을 때 무엇부터 준비해야 할지 알아보자. 다음은 수출을 위한 필수 준비사항이다.

✔ 아이템의 HS 코드

HS 코드는 관세사와 상담해서 잘 정해야 한다. 그 이유는 수입자(바이어)가 세금 관련해서는 민감해, HS 코드를 많이 신경 쓰는 만큼 가격 협상에서도 중요한 역할을 하기 때문이다.

✔ 영문 소개서와 영문 홈페이지

회사 소개서와 제품 상세 페이지는 기본적으로 영문으로 세팅되어 있어야 한다. 소개서는 1~2페이지가 적당하며, 필요하다면 카피(copy)할 수 없게 보안 설정도 해야 한다. 최근에는 동영상이 대중화된 만큼 제품에 맞는 콘텐츠를 잘 준비해야 한다. 영문 홈페이지는 해외 바이어들이 1차 검증으로 보는 요소이기 때문에 업데이트 관리를 철저히 해야 한다.

✔ 견적서

견적서는 MOQ를 기준으로 수량에 따른 FOB 가격으로 준비하면 된다.

✔ 타깃 국가 선정

수출 국가를 정해야 한다. 수출하려는 제품과 유사한 제품의 기존 판매 현황 자료를 검토하는 것이 필요하다. 코트라, 무역협회, 기타 기관에서 제공하는 시장 보고서, 동향, 트렌드를 기본으로 다양한 인터넷 정보를 검색할 필요가 있고, FTA와 해외 인증도 고려해서 정한다.

✔ 해외 인증

준비하지 않고 있다가 촉박하게 준비하는 경우가 의외로 많은 해외 인증! 해외 인증이 없으면 바이어가 처음부터 계약 대상으로 고려하지 않는다는 점! 만약 비용이 부담스러워 주저된다면 정부의 지원사업을 살펴보자. 나라마다 인증마다 투입되는 시간과 돈이 다른 만큼 가급적 짧은 시간에 쉽게 획득 가능한 국가의 인증서를 먼저 획득하는 것도 하나의 방법이다.

✔ 통관 부호와 외화 통장

수출입 시 통관 고유 번호가 있어야 하고, 해외 업체로부터 수금하기 위한 외화 통장도 필요하다.

✔ FTA, 원산지 증명서

기관 발급과 자율 발급이 있지만 대부분의 아시아 국가들은 기관 발급을 요구한다. 기관 발급은 자율 발급에 비해 복잡하기 때문에 관세사와 상담해 미리 준비한다.

수출을 한다고 할 때, 가장 큰 고민은 바로 수출 가격일 것이다.

➡ 박리다매로 갈 것인가?

➡ 비싸게 갈 것인가?

➡ 얼마의 마진을 붙여야 하는가?

가격을 어떻게 정하느냐에 따라 제품의 운명이 달라지는 만큼 신중해야 한다.

➡ 팔리는 가격으로 정할 것인가?

➡ 나만의 가격으로 정할 것인가?

팔리는 가격으로 정하면 이익이 적어져 뭔가 억울해질 것 같기도 하고, 나만의 가격으로 정하면 안 팔릴 것 같아 고민이다. 가격 정책 실패에 대해 이런 말도 나온다. "살 사람은 생각도 안 하는데 혼자 올려 받으면 뭐 하나?"

예를 들어, 시장에서는 유사 제품 가격이 개당 100불 정도인데, 내가 열심히 개발해서 기능을 추가했기 때문에 200불을 받겠다는 생각이다. 간혹 뜻하는 결과로 이어지기도 하지만 대부분 실패한다. 그럼 어떻게 해야 할까?

일반적으로는 제품을 정하고 나서 가격을 책정하는 경우가 많다. 가격 책정은 회사 입장에서 해당 제품의 생존뿐 아니라 회사의 이익과도 밀접한 연관이 있기 때문에 처음, 즉 제품 기획 단계부터 정밀하게 분석하고 고민할 필요가 있다. 하지만, 대부분의 수출 초보 기업들은 아이템에는 많은 시간을 투자하지만, 의외로 가격에 대한 고민은 적게 한다. 이런 경우, 향후 가격이 맞지 않아 도리어 제품의 스펙을 조정하기도 한다.

그럼, 기획 단계에서 어떻게 가격을 검토할 수 있을까?

기획 단계에서 가격을 정할 때는 내가 다루려는 아이템이 속해 있는 카테고리에서 그 제품군이 형성하고 있는 가격대를 보자! 온라인 시장과 오프라인 시장에서, 선두 업체 아이템의 가격대, 나만의 차별화된 기능의 가치, 최소 마진을 감안해서 대략적인 검토를 한다.

기준이 정해지면 MOQ에 따른 수량 가격, 온라인 소비자 가격, 오프라인 소비자 가격, 특판 가격, 수출 가격, 도매가격 등으로 분류를 한다.

이 정도 수준이 일반적인 가격 책정의 과정이라면 바이어와의 협상이라는 또 하나의 난제가 남는다. 바로 협상의 꽃이라고 말할 수 있는 '가격 네고'!

가격을 네고하기 전에 확실히 알아야 할 부분은 누구나 납득할 만한 가격이어야 한다는 점이다. 그러므로 수출자는 바이어가 타깃으로 삼는 시장에 대해 잘 알아야 한다. 예를 들어, 바이어가 일본 시장을 생각한다면 온라인 중심인지 오프라인 중심인지와 거기에 형성되어 있는 소비자 가격을 알아야 한다. 이를 역계산하여 적정한 FOB 또는 Ex-work 가격을 책정한다. 과거에는 단순히 바이어만 상대했다면 이제는 현지 마케팅과 소비자 가격까지 알아야 할 정도로 고려할 부분이 많아졌다.

✧ 제안서, 테스트 샘플, 샘플 오더, 메인 오더 진행의 핵심은?

다양한 영업 활동과 마케팅 활동을 통해 바이어로부터 긍정적인 답변을 받았을 경우 아래와 같은 순서로 일이 진행된다. 각각의 주요 포인트를 살펴보자.

> ① 정식 제안서 → ② 테스트 샘플 → ③ 샘플 오더 진행 → ④ 메인 오더 진행

① 제안서

과거에는 글로 제품을 소개하던 시절도 있었다. 하지만 이제는 사진은 필수! 점차 사진이 첨가되기 시작하면서 유튜브의 발달로 동영상을 요구하는 곳도 많아졌다. 수출자와 수입자가 제품을 더 객관적으로 검토하는 데 동영상만 한 것이 없어서다. 또, 제안서 작성 시 고민해야 할 것이 있다면 '차별성'이다. 여기에 객관성과 신뢰성을 확보해 주는 다양한 인증서는 큰 도움이 된다.

② 테스트 샘플

품질 체크용 샘플과 승인용 샘플은 다르다.

체크용 샘플을 통해 컬러와 스펙 조정이 완료되면 승인용 샘플이 만들어진다. 승인용 샘플이 완성되면 서로 하나씩 증빙으로 가지고 보관하며 오더를 진행하게 된다. 다양한 테스트용으로 쓰이기 때문에 수량이 많을 수도 있고 적을 수도 있다. 바이어의 내부 테스트용으로 보면 된다.

③ 샘플 오더

테스트가 완성되어 최종 승인이 되면 샘플 오더가 진행된다. 테스트 샘플은 말 그대로 품질 테스트에 초점을 맞추고 있다면 샘플 오더는 외부 테스트, 즉 시장성이 있는지 확인하는 차원이다. 시장 반응용 오더로 볼 수도 있다. 그렇기 때문에 수량은 테스트 샘플보다 늘어난다.

샘플 오더의 경우, 수량이 어느 정도 되는 만큼 가격이 중요하다. 특별 가격으로 오퍼하는 경우도 있고, 메인 오더에 준하는 가격으로 오퍼하는 경우도 있지만 변하지 말아야 할 것은 품질이다.

④ 메인 오더

샘플 오더가 통과되면 메인 오더가 진행된다. MOQ에 맞추어 현지 바이어의 마케팅 및 홍보가 동시에 진행된다. 품질과 수량이 정확해야 하고, 문제가 발생했을 시에는 즉시 바이어에게 통보하고 조정해서 향후 있을지 모를 클레임을 방지해야 한다. 특히 무역 대금 조건이 T/T라면 선급금 시기와 출고 시기, 잔금 시기 등을 고려해 생산 스케줄을 잡아야 한다.

✧ 샘플의 종류와 각각의 용도

샘플은 크게 3가지 종류로 나뉜다. 샘플 확인은 제품 상세 페이지를 통해 얻은 정보를 바이어가 검증하는 단계라 볼 수 있다. 승인된 샘플이 모든 오더의 기준이 되는 만큼 조금의 오차라도 있으면 클레임을 받는다. 수입자가 샘플을 통해 이미 현지 마케팅과 영업을 진행하기 때문이다.

✔ 샘플의 종류

① 체크용 샘플

샘플 의뢰가 있을 때 보내는 최초의 샘플이다. 바이어가 서류로 주고받은 사항을 기반으로 실물과 비교하면서 체크하는 용도다.

② 승인용 샘플

체크용 샘플을 검토 및 수정하고 합의한 최종본이다. 향후 검품 및 클레임의 척도가 되며, 증빙으로 수출자와 바이어가 각 한 개씩 보유한다. 그러므로 수출자 입장에서는 반영이 불가능한 부분을 수용하면 절대로 안 된다.

③ 선적용 샘플

말 그대로 선적 전, 바이어에게 확인, 컨펌받는 단계의 샘플이다. 생산된 수량에서 선적용을 랜덤으로 뽑아 미리 바이어에게 발송하고, 바이어는 승인 샘플과 대조해서 컨펌한다. 필요에 따라 사진으로 대체하기도 하고, 직접 검품하기도 한다.

✔ 샘플을 보낼 때 주의점

① 카피 (Copy)조심

바이어인 척하면서 샘플을 요청하고 그대로 카피하는 경우가 있다. 물론, 막상 자기 일이 되었을 때는 상대가 진짜 바이어인지 가짜 바이어인지를 판단하기 어렵다.[4] 더군다나, 알바를 고용해서 직접 상담하게 하고 샘플을 얻어 카피하기도 하는 만큼 누구나 방심하면 당할 수 있기 때문에, 바로 이 샘플 거래 때를 조심해야 한다. 가짜 바이어를 분간할 현실적인 방법은 없다. 결국, 직감으로 가짜인지 진짜인지를 판단해야 하므로 충분한 경험만이 가장 큰 도움이 된다.

② 유상 또는 무상

바이어들이 쉽게 무상 샘플과 무상 운송 이야기를 꺼내면 가짜 바이어일 확률이 높다. 대부분 샘플 값을 아깝게 생각하기 때문이다. 물론 그렇다고 모두 유상으로 처리하면 바이어들이 싫어

---

4) 바이어 확인법에 대해서는 'Part 8. 클레임과 사기 대응법'을 참고하자.

할 것이다. 그렇기 때문에 만들어진 기준이 있다. 샘플 값 또는 운송 값을 바이어와 수출자가 반반씩 부담하거나 향후 메인 오더에서 차감하는 방식이다. 시대가 시대인 만큼 일방적인 부담은 서로 피하는 편이다.

③ 언더 밸류(under value)와 단가(unit price)

일반적으로는 EMS로 보내지만 급하거나 특수 지역일 경우에는 DHL, FEDEX 와 같은 특송을 이용하게 되고, 유상 샘플이든 무상 샘플이든 통관을 위해 단가는 언더 밸류한다. 그렇다면 제품 단가는 얼마로 해야 할까?

메인 오더가 아니기 때문에 공식적으로는 무상 샘플이다. 그렇다고 단가를 '0'으로 적으면 안 된다. 제품마다 다르지만 보통 한 자릿수 금액(달러)을 적는데, 더 안전하게 진행하기 위해서는 바이어에게 묻는 것이 상책이다.

④ 운송(EMS또는 그 지역 전문 업체)

꼭 샘플을 EMS, DHL, FEDEX로 보내야 할까? 중국, 일본, 미국처럼 한국과 거래가 많은 국가들은 소규모 포워더와 물류회사(택배)들이 많은 만큼 단가와 서비스가 다양하다. 업체마다 견적을 받아 비교 검토하는 것이 좋다.

⑤ 현지 통관

자주는 아니지만 샘플이 통관에 걸리거나 압수당하는 경우가 있는 만큼, 통관은 무역에 있어 항상 고려대상이다. 나라마다 통관 시스템이 다르기 때문에 안전을 위해서는 발송 전 바이어나 경험이 풍부한 운송 업체에게 문의하는 것이 좋다.

✧ 샘플 인보이스 작성법

우리가 흔히 보는 C/I(커머셜 인보이스), 패킹리스트, B/L에서 C/I와 패킹리스트는 수출자가 만든다. 샘플 인보이스 또한 수출자가 작성한다. 미리 어떤 항목이 있고 무엇을 주의해서 작성해야 하는지 꼭 알아야 실수를 줄일 수 있다.

- Shipper: 수출자의 회사에 대한 정보. 회사명, 주소, 담당자, 연락처 등을 적는다.
- For account & risk of messers: 바이어에 대한 정보를 적는 곳으로, 'Consignee'라고 적힌 서류도 있다.
- Notify party: 'Same as above'라고 쓰여 있어서 'For account & risk of messers'에 기입한 정보와 동일하게 쓰는 경우도 있고 다르게 표기하는 경우도 있다. 정확한 뜻은 '배가 도착했을 때 어디에 통지해야 되는가?'인데 바이어가 다 알려준다.
- POL: 출항지.
- Final destination: 도착지.
- Vessel/Flight: 배 이름 또는 비행기 이름.

- Salling on or about: 출항 날짜. 인보이스 작성 시기와 실제 출항 시기에는 시간차가 있어서 일단 빈칸으로 두는 경우도 많다.
- Invoice Number and date: 인보이스 발행 번호와 날짜.
- Payment: 'No commercial value.' 샘플 인보이스에서는 꼭 필요한 문구이다.
- Remark: 바이어와 상의해 필요한 정보를 적는다. 원산지를 적는 경우도 있고, 'Free of charge' 같은 문구를 넣기도 한다.
- Description of goods: 보통 제품명, 제품 상세, 수량, 단가, 총 가격을 적으면 되지만, 샘플 인보이스는 금액을 언더 밸류하기 때문에 금액적인 부분은 바이어 또는 경험이 많은 포워더와 상의해 적는 게 좋다.

✧ P/I(Proforma invoice)의 놀라운 기능

무역에서 영업과 마케팅을 활발히 해 바이어를 잡으면 계약서를 쓰게 된다. 이때 P/I를 자주 사용하는 만큼 P/I의 역할을 살펴볼 필요가 있다.

시장에서 물건을 주고받을 때는 계약서가 필요 없다. 세무 증빙 자료로 세금계산서 정도가 필요할 수는 있다. 또, 게임처럼 라이선스, 장기간 유지 보수, 보안처럼 계약 당사자 간에 걸어놓을 사항이 많을 경우에는 계약서가 엄청 두껍고 때때로 국제 변호사에게 자문을 받기도 한다. 그러나 단순한 제품에 복잡하지 않은 계약 조건을 담을 때는 P/I만으로도 충분하다.

✔ 계약서 역할

P/I는 견적 송장이라고 불리지만, 결제, 제품, 수량, 가격, 은행 정보 등 무역 거래에서 필요한 모든 내용, 중요 정보가 다 들어있다. 또, 쌍방의 사인이 들어감으로써 강력함을 지닌다.

✔ 은행 거래 역할

P/I를 가지고 은행에서 L/C를 만들기도 하고 T/T 송금도 하는 만큼 계약서 역할로도 손색이 없다. 돈만큼 중요한 건 없다.

✔ 분쟁 시 중요한 역할

해외 업체가 결제 대금 지불을 지연하거나 '나 몰라' 식 버티기 작전을 할 때 어떻게 하겠는가? 법적으로 소송 절차를 진행할 것인가? 법적 절차를 밟는 것이 어려운 이유는 많은 시간과 돈이 들어가고, 때로는 받을 돈보다 더 많은 비용을 소모해야 하는 경우도 있기 때문이다. 예를 들면, 받을 돈이 7만 불인데 국제 변호사 고용에 1억이 필요해서 포기하는 경우와 같다. 이런 분쟁이 있을 때도 P/I에 쌍방의 사인이 있는 만큼 중요한 역할을 한다.

P/I는 수출자가 만들고, P/O는 수입자(바이어)가 만든다. 순서상
으로는 P/I를 먼저 작성하지만, P/O를 먼저 작성하기도 한다.

✔ 표 제

표제에는 회사 로고와 주소지가 들어간다.

✔ No(Number)

P/I의 Number를 적는 부분인데, 일반적으로 회사 내부에서
정한 임의의 숫자다.

✔ To / From

P/I는 수출자가 만들기 때문에, 'To'에는 P/I를 받는 수입자(바
이어)의 회사명을 적고, 'From'에는 수출하는 회사명과 주소, 담
당자를 적는다.

✔ Shipped by / Shipped to

출항 국가와 항구, 도착항을 적는다.

✔ Item / Description / Q'nty(수량) / Unit price / Amount / Total

구두로 약속된 오더를 정확히 적는 곳이다. 컬러와 스펙을 포함한 정확한 아이템, 수량, 단가, 총금액 등을 적는다. 예를 들면, 내가 아는 핑크색과 바이어가 아는 핑크색에 차이가 있을 수 있기 때문에 고해상도 사진을 넣든가 합의된 문구를 넣어주는 것이 좋다. 만약 할인율이 필요하거나 금전적 보상을 할 필요 등 추가사항이 있을 때는 여기에 적는 경우도 있지만, Remark란에 적기도 한다. 또, Total amount를 쓸 때는 엑셀 수식으로 인해 오타가 생길 수 있다. 과거에는 계산기로 여러 번 'Unit price * Q'nty = total amount'로 계산해 확인했다면, 지금은 엑셀로 수식을 넣거나 과거 양식에서 그대로 복사 붙여넣기를 함으로써 계산에 오류가 생기는 경우가 빈번하다.

✔ Remark

P/I와 P/O는 계약서와 같은 힘을 가지고 있기 때문에 함축해서 하고자 하는 말, 특히, 금전적인 부분을 여기에 넣기도 한다. 클레임에 따른 손실 보상 금액이나 할인(discount) 금액, 마케팅 지원비 같은 지원 금액, 또는 생색내기 문구를 넣기도 한다. 여기서 중요한 것은 모두 합의된 내용을 기반으로 해야 한다는 점이다! 은근슬쩍 내용을 끼워 넣는 것은 절대 금물이다.

✔ Freight condition

Ex-work, FOB, CIF 같은 인코텀즈에 대해 쓰는 곳으로, 합의된 부분을 그대로 쓰면 된다.

✔ Date of shipment

선적 날짜다. 날짜를 딱 정할 수 있으면 편한데, 제조를 전제로 하는 수출자, 공장을 운영해 본 사람은 다 알듯이 납기는 정말 맞추기가 어렵다. 그러나 바이어 입장에서는 날짜가 상당히 중요하다. 날짜에 맞춰 자금 스케줄을 관리하고 현지 마케팅 및 영업을 하기 때문이다. 실제로 해보면 무역 오더를 진행함에 있어 가장 말도 많고 탈도 많은 항목이다.

대개 의도적으로 날짜를 확정하지 않는 경우가 많다. P/I(P/O) 시점과 출고 시점의 시간차가 크기 때문에 정확한 날짜를 미리 정한다는 것이 정말 어렵고, 잘못했다가는 납기 클레임에 걸릴 수 있기 때문에 자신이 없을 때는 '4 weeks after P/I'처럼 막연하게 쓰는 경우가 대부분이다.

✔ Payment

L/C at sight, T/T in advance 등 구체적인 무역 대금에 대한 항목을 적는 곳이다. '돈이 먼저냐? vs 물건이 먼저냐?' 가장 중

요한 부분으로, 무역 협상에서 가장 밀당이 많은 부분이다.

✔ Packing

구두 또는 메일상에서 합의된 포장에 대한 항목이다. 포장 부분에서 쉬핑 마크(Shipping mark), 바코드를 포함한 바이어의 요구 사항이 있는 경우도 많기 때문에 꼼꼼히 체크해야 한다. 기존에 합의된 내용을 적기 때문에 실수할 부분은 없다. 하지만, 당사자 중 한쪽이 이미 정한 내용을 P/I, P/O 작성 시점에서 바꾸려고 시도하는 경우도 빈번하다.

✔ Beneficiary & Bank info

P/I에서 수출자가 무역 대금과 관련된 은행 정보를 입력하는 곳이다. 알아야 할 부분은 외환 통장이어야 한다는 것! '은행명, Swift code, 계좌번호, 회사명(수취인)' 같은 내용을 그대로 적으면 된다.

✔ 맨 하단 사인

수출자와 수입자의 사인이 들어가는 곳이다. '사인방'이라고 하는 목도장을 만들어서 사용하는 것이 일반적이지만, 직접 써도 무방하다. 주의할 점은 최근 도장 대신 포토샵으로 사인을 만들어 붙이는 경우가 많은 만큼 실수를 조심해야 한다는 것이다. 누가 먼저 하든 하단엔 양방의 사인이 꼭 있어야 한다.

◈ P/I(Proforma invoice) 작성 시 쟁점 사항과 해결안은?

수출 기업에게는 P/I 작성만 한 희소식이 없다. 어떤 영업, 어떤 마케팅을 하든, 이메일로 진행하든, 전화로 진행하든 오더 확정의 마무리가 P/I이기 때문이다. 이런 P/I를 만드는 과정에서 가장 치열하게 싸우는 항목이 딱 3가지가 있다.

✔ 단가와 수량

여러 샘플을 통해서 스펙을 조정하고 컬러를 조정해 단가에 이르게 된다. 단가는 수량과 맞물리기 때문에 MOQ가 자주 협상 카드로 사용되곤 한다. 이 가격 협상 전에는 반드시 현지 시장 가격을 조사해야 하지만 말이 쉽지, 실제로 해외 현지 오프라인의 유통망 가격을 일일이 알아내는 것은 정말 어렵다.

현실적인 대안은 온라인에 판매되고 있는 유사 제품의 가격을 찾아 역으로 계산하는 것이다. 바이어가 판매하고자 하는 시장이 온라인인지 오프라인인지, B2B인지 B2C인지 미리 파악해 협상에 제시할 가격을 계산해야 한다. 일본 라쿠텐, 아마존 JP, 야후 JP에 입점한 바이어와 거래한 경험을 보면, 한국 FOB 가격의 2~3배 정도가 온라인 소비자 가격이었다.

P/I 협상에서 착각하는 것이 지금 상대하는 바이어만 잘 설득하고 납득시켜서 좋은 가격에 계약하는 것이 영업이라고 생각하는 것인데, 절대로 안 된다. B2B 영업에서는 지속적인 오더가 나오도록 바이어 뒤에 있는 시장을 염두에 두고 적정 가격을 제시하면서 바이어를 설득하는 것이 가장 좋은 윈윈(Win-win) 전략이다.

✔ 납기

납기는 무역 대금과 맞물리기 때문에 그렇게 큰 쟁점이 되지는 않는다. 그러나 납기 클레임이 빈번하기 때문에 ETD, ETA를 언급할 때는 신중해야 한다. 그 이유는 납기 날짜에 따라 바이어가 무역 대금 스케줄과 현지 영업, 마케팅 스케줄을 잡기 때문이다. 이런 클레임을 방지하고자 정확한 날짜를 콕 짚기보다는 최대한 막연하게 언급하는 경우가 대부분이다.

✔ Payment(무역 대금)

정리하면 "T/T로 할 것인가? L/C로 할 것인가?"다.

누누이 말하지만, T/T는 선급금이 있어서 자금 회전에 큰 도움이 되지만 잔금을 못 받을 가능성이 있고, L/C는 선급금이 없어 선적한 뒤 은행에서 네고를 통한 자금화가 가능하다.

➡ T/T의 관건! 언제, 얼마나 받느냐?

➡ L/C의 관건! 네고 즉시 현금화(at sight)로 할 것인가? 명시된 기
간 후 현금화(usance)로 할 것인가?

최근에는 L/C보다 T/T를 많이 쓰는 만큼 T/T의 '언제, 얼마
나?'가 큰 쟁점이다. 보통 선적 전 30%와 도착 전 70%를 기준으
로 삼는데, 여기서 30%를 오더 계약 시점으로 당길 것인지, 70%
는 B/L과 맞바꾸는 조건으로 할 것인지, 아니면 선적 전 100%
로 채울 것인지 등 비율과 금액 조율이 P/I를 쓸 때 가장 치열한
영역이다. 단가와 수량과 묶어 조율하는 경우도 있고, 합리적이
고 객관적인 증빙 자료를 통해서 설득할 수도 있고, 감정적으로
호소하기도 한다. 그만큼 나만의 협상 카드로 무엇을 사용할지
고민해야 한다.

✧ 해상 운송(Sea)과 항공 운송(Air)의 장단점은?

해상 운송은 자주 쓰이고, 항공 운송은 아주 가끔 쓰인다. 기
본적으로 항공 운송은 비싸다는 인식이 있다. 그렇기 때문에
"항공 운송은 DHL, FEDEX, EMS로 대표되는 샘플 또는 서류
에만 쓰는 것이 좋고 메인 오더는 해상 운송으로 신행해야 한다."
라고 많이 생각한다.

항공 운송으로 발송히는 경우에는 처음부터 바이어와 운송 계

약을 하는 경우도 있지만, 해상 운송으로 계약했다가 갑자기 변경하는 일도 있는 만큼 장단점을 알아야 가성비를 높일 수 있다.

✔ 항공 운송(by air), AWB

공항에서 공항으로 비행기를 이용하여 보내는 방식이다. 긴급 화물이나 소형 화물에 적합한데, 운송 시간이 절감되고 통관도 빠른 편이라 매우 좋은 수단이지만 비싸다. 현장에서 느끼는 장단점은 아래와 같다.

장점
① 해상 운송보다는 도난이나 파손이 상대적으로 적다.
② 간단한 것 중 운임비가 상대적으로 싼 경우도 있다. (견적 비교 필수)
③ 빠른 대응이 가능하므로, 예상외 수량도 대처 가능하다. (불량 대응, AS 부품 등등)
④ 변질될 수 있는 제품도 수송 가능하다.

단점
① 대량 운송이 불가능하다. (가능은 하겠지만, 가격이 많이 비쌈)
② 항공편이 자주 있지 않다. (수적으로 공항이 많지 않음)

✔ 해상 운송(by sea), B/L

항구에서 항구로(CY에서 CY로, CFS에서 CFS로), 무역의 근간을 이루는 물류 방식이다. 다음은 현장에서 느끼는 장단점이다.

장 점

① 물류 중에서 가장 저렴하다.

대량의 물건을 먼 거리로 운송하는 것을 기본으로 하기 때문에 한 번에 많은 양을 실어 운임비가 저렴하다. 선박 회사가 가격 경쟁력 차원에서 큰 배를 선호하는 이유도 여기에 있다.

② 다양한 화물을 취급할 수 있다.

항공 운송에 비해 다양한 물건을 실을 수 있다. 글로벌 운송에서 중요한 부분이다.

단 점

① 많이 느리다.

거북이걸음도 아니고, 빨라야 시속 30~40km 정도의 속도다. 그러므로 일반적인 오더에서는 해상 운송 기간을 20~30일 정도로 잡고 선적을 한다.

② 파손과 분실에 노출될 수 있다.

항공 운송에 비해 파손과 분실에 노출되기 쉽다. 특히 LCL cargo 같은 경우에서 종종 발생한다.

③ 포장 및 하역비가 비싸다.

상대적으로 비교하면 그렇다. 항공 운송에 비하면 포장된 물건을 컨테이너에 다시 넣어야 하고, 아주 무거운 컨테이너를 하역하기 위해서는 하역비가 필요하기 때문이다.

Part 02

해외 판로 이해하기 _____

수출자 입장에서 국내 내수로는 분명히 한계점이 있기 때문에 처음에는 국내 마켓으로 시작하더라도 결국 마지막 종착점은 수출이다.

- ➡ 수출을 하려면 제품이 중요하다
- ➡ 인증서가 중요하다
- ➡ 가격이 중요하다

여러 이야기를 들었을 것이다. 그러나 해외 바이어를 찾는 데에는 방향성이 가장 중요하며, 이 방향성은 크게 두 가지 틀에서 고민해야 한다.

- ➡ 내 제품을 가지고 있는가? 남의 제품으로 할 것인가?
- ➡ B2B로 할 것인가? B2C로 할 것인가?

① 내 제품을 가진 경우

첫 번째로 내 제품을 가진 경우를 보자. 해외 판권을 가지고 있는 경우도 있지만 제조사인 경우가 대부분이다. B2B 방법으로는 해외 업체들이 방문하는 사이트에 제품을 업로드하거나 SNS 마케팅을 동반한 바이어 찾기, 정부의 마케팅 지원사업이나 바이어 상담회, 국내외 전시회를 통한 바이어 찾기 정도가 대표적이다. 아무리 날고 기는 수출 전문가, 해외 판로 전문가라고 해도 여기서 벗어나지는 못한다.

여기서 가성비를 생각하면 전시회를 제외하고는 중소기업이나 스타트업에게 선택지는 많지 않다. 전시회를 추천하는 이유는 다른 방법에 비해 효율이 좋기 때문이다. 그 외의 방법들을 보면 초기에는 바쁘게 자료를 업로드하고, 업체 리스트를 확보해 이메일도 보내며 SNS 마케팅과 광고를 진행하지만 그때 잠깐 일시적인 호응이 있을 뿐이다. 그 과정에서 오히려 제품을 카피(Copy)하려는 업체나 중간 브로커와 많이 엮이게 된다.

그렇다면 글로벌 오픈마켓으로 B2C를 하면 어떨까?

내 제품이 한두 개 있는 상태에서 해외에 딱 해당 제품만 팔겠다고 하면 효과가 없다. 오픈마켓의 성격상 가격 경쟁력이 높아야 하고, 빠른 제품 유행에 대응하기 위해 내 제품만이 아닌 남의 제품으로도 진행해야 하기 때문에 제조사보다는 유통 회사(무역 회사)가 최적이다. 만약 제조사가 빅 바이어를 찾기 위한 방법으로 글로벌 오픈마켓에 진출하려고 할 때, 가장 큰 독이 될 수 있는 부분은 가격과 카피(Copy)다. 바이어는 이미 진출된 가격을 가지고 협상하기 때문에 가격을 맞추기가 정말 어렵고 해외 공장에도 제품이 노출되기 때문에 유사 제품이 바로 나온다.

② 내 제품 없이 순수 무역 회사로 진출할 경우

두 번째는 내 제품을 보유하지 않은 순수 무역 유통 회사로 해외에 진출하는 경우다. 제조가 아닌 유통만 진행하기 때문에 가격 경쟁을 제외하고는 다양한 제품을 빠르게 선보일 수 있다는 것이 장점이지만, 내 제품이 아니기 때문에 언제나 제조사에게 뒤통수를 맞을 수 있다는 점과 해외 빅 바이어는 특허, 인증, 독점 등의 이유로 제조사를 원한다는 것을 기억해야 한다. 이런 이유로 자기 제품이 없을 때는 B2B보다는 B2C로 대표되는 글로벌 오픈마켓이 판로로 적합하다. 장점으로는 제조사에 비해 몸이 상당히 가볍다는 점, 유행에 따라 상황에 따라 다양한 제품을 올리고 내릴 수 있다는 점을 들 수 있다.

정리하면 해외에서 바이어(해외 판로)를 찾고자 할 때는, 제조사는 전시회를 통한 B2B가 최적의 방법이고, 무역 회사는 글로벌 오픈마켓을 통한 B2C가 최적의 방법이다.

✧ 무역 초보자나 경력자에게 공통으로 어려운 판로 확보

해외 판로는 수출 프로세스의 끝판왕이다. 무역 이론을 비롯한 다른 부분은 혼자 공부를 하든 강의를 듣든 어떻게든 익힐 수 있는 반면 해외 판로는 절대로 혼자 익히기가 불가능하기 때문이다.

여기 무역 초보자(기업)가 있다고 가정하자. 무역 초보자가 무역을 시작한다면, 제일 먼저 무역 아카데미 같은 강의를 찾을 것이다. 그렇게 무역 이론을 배우는 데 모든 시간을 할애할 것이다. 그러나 '소싱처(아이템), 무역 지식(이론), 바이어(해외 판로)'의 3가지 요소로 구성되어 있는 무역에서, 안타깝게도 무역 지식은 가장 중요한 것이 아니다.

무역 지식은 실제로 경험하면서 배워도 충분하고, 한번 사이클을 돌려보면 두 번째, 세 번째는 반복되는 프로세스이기 때문에 매우 특별한 경우가 아니면 대부분 똑같다. 그러나 아이템과 판로는 난이도가 완전히 다르다. 무역 지식은 돈을 벌기 위한 방법과 수단이지 목적이 아니다. 목적은 아이템과 판로에 있어야 하며, 그중에서도 판로의 비중이 더 무겁다. 사람들은 대부분 이렇게 생각한다.

- ‘아이템이 있어야 바이어를 찾을 수 있는 것이 아닌가?’
- ‘바이어를 비롯한 확실한 판로가 정해져야 적절한 아이템을 찾는 것 아닌가?’

계란이 먼저인가 닭이 먼저인가를 고민하는 것이다. 내 제품이 없는 무역 창업에서 특히 많이 고민하는데, 수출 초보 기업 또한 아이템이 있어도 판로가 없어 헤맨다. 판로는 왜 이렇게 다가가기도 어렵고, 뚫기도 어려운 걸까?

판로 확보에는 어떤 아이템을 어떻게 영업해 어떤 결과를 낳았다는 경험이 중요하기 때문에 과거에 직접 해봤고 현재도 하면서 알게 되는 지식이 중요하다. 하지만 초보자의 경우 그런 경험을 해본 사람이 당연히 없다.

그렇다면 초보자에게 해외 판로 확보, 즉 수출 기회는 영원히 없는 것인가? 해외 판로 확보가 그렇게 중요하다면 그 노하우를 알 방법은 없는가?

현실적 방법 하나는 무역 회사에 들어가서 다양한 판로 경험을 해보는 것이다. 다른 하나는 내가 수출하고자 하는 국가와 아이템을 다뤄본 멘토, 강사를 찾아 자문을 구하는 것이다. 아주 간단하고 누구나 예상 가능한 답처럼 느껴지지만 막상 닥치면 정말 어려운 현실이다. 기억하자. "처음도 판로! 마지막도 판로!"

✦ 제조업(공장)이 오픈마켓 하면 망하는 이유

전통적인 창업 방식에는 제조업 창업(아이디어 창업)과 무역 창업이 있다. 처음에는 제조업으로 시작했지만 무역 창업에 뛰어들기도 하고, 무역 창업으로 시작했지만 제조업을 병행하는 경우도 많다. 여기서 중요한 것은 어떠한 형태의 창업이냐보다도 판로를 어떻게 설정할 것인가다. 제조업 창업은 대부분 제품 개발에 더 집중하다 보니 판로를 늦게 생각하는 경우가 많다.

제조업 창업 프로세스를 생각해 보자. 정부 지원사업을 받고, 컨설팅을 받고, 제품을 개발하고, 특허를 받고, 제품을 가지고 상담회를 찾아다니고, 틈틈이 쇼핑몰, 오픈마켓, 유통카페에 제안서를 넣는 경우가 대부분이다. 마지막으로 국내 오픈마켓 또는 글로벌 오픈마켓을 시작하게 된다.

그러나 앞서 잠깐 언급했듯 오픈마켓의 시스템을 이해한다면 제조업체들은 오픈마켓을 시도하면 안 된다. 오픈마켓의 특성상 내 제품이 아닌 소싱에 의존하는 소호 무역 또는 수입업체들이 진출해 있기 때문에 빠른 가격 변동과 유행에 따른 제품 내응이 쉽지 않다. 재고와 생산, MOQ 관리가 어렵고, 카피 (Copy)에 노출될 위험이 있으며, 가격 관리도 어렵다. 그렇기 때문에 자신의 제품이 있다면 B2C가 아닌 B2B 바이어를 찾아야 한다.

반대로, 오픈마켓을 중심으로 판매를 시도하는 소호 무역 창업자는 전시회에 참여해서는 안 된다. 전시회에 참관하는 바이어는 영업권, 독점권, 특허권, 카피 문제로 제조사를 원하기 때문이다.

결론적으로 제조업 창업을 고려한다면 가장 중요한 것은 '판로'! 어디에 무엇을 어떻게 어떤 가격으로 팔 것이고 그게 가능한지에 대한 생각부터 역으로 해서 제품을 기획해야 한다. B2C처럼 국내 또는 글로벌 오픈마켓용인지, B2B로 정하고 해외 국가를 목표로 할 것인지 처음부터 가장 먼저 고민해야 한다. 제품 개발은 나만 열심히 하면 되지만, 적합한 판로 기획은 올바른 방향 설정 없이 혼자 열심히만 해서는 되지 않는다는 것을 명심해야 한다.

✧ 초보 무역 기업이 수출 시, 고려해야 할 것들

초보 무역 기업들이 가장 어려워하는 것은 바이어 발굴, 즉 해외 판로 확보다. 대부분 가격을 주요 성패로 보고 고민하다 실패한다. 실제로 오더를 따기 위한 협상 과정을 보면 가격 말고도 고려해야 할 것들이 많다. 이런 협상에서 아무도 안 알려주기도 하고 못 알려주기도 하는 수출 전 세팅, T/T 조건, 가격과 스펙 변경, 독점권과 영업권 등 오더 결정에 중요한 요소를 미리미리 고민하자.

✔ 수출 전 세팅

계속 강조하듯 홈페이지 업데이트, 제품 상세 페이지, 회사의 객관적 신뢰 자료 준비는 필수! 해외 문의가 올 시 대충 제품 상세 페이지와 가격표만 보내고 끝내면 안 된다. 무역업에서 가장 중요한 요소는 누가 뭐래도 대금 지급. 바이어는 제품만 보고 돈을 보내진 않는다.

'선급금을 보내도 괜찮은가?', '제품이 문제없이 출고될 수 있는가?', '파트너로 믿을 수 있는 회사인가?'에 대한 신뢰를 주기 위해 회사 소개, 동영상, 홈페이지와 각종 인증서는 기본적으로 항상 업데이트가 되어 있어야 한다.

✔ T/T 조건

T/T 잔금의 무서움은 누구나 잘 알고 있어 수출자라면 누구나 100% 선급금을 원한다. 일반적인 선급금과 잔금의 경계선은 ETD(출발/선적 예정일)다. ETD 전에 어떻게든 100%를 받고 싶어 하지만 반대로 바이어는 싫어한다. 바이어 입장에서는 '내가 뭘 믿고 돈을 먼저 줘야 하지?'라고 생각할 수밖에 없기 때문이다.

'그렇다면 L/C(신용장)로 진행하면 되지 않을까?'라는 생각도 하지만 영세한 기업일수록 T/T의 선급금은 상당히 매력적이다. 그러므로 일반적인 계약 형태인 '30:70' 선을 가정하고 리스크 관리 빙안을 미리 고민해야 한다.

✔ 가격과 스펙 변경

해외에서 이메일로 문의가 오거나 바이어 상담회에서 바이어를 만났을 때 바이어의 요구를 다 들어주는 경우가 있다. 신규 오더 욕심에 처음에는 가격과 스펙을 다 맞춰주겠다고 하다가 나중에 실제로 불가능하면 그 한순간에 바이어로부터 모든 신뢰를 잃는다. 수출자는 변명으로 이렇게도 말한다. "처음에는 배려 차원에서 해준 것인데, 실제는 이 가격이고, 이 스펙은 이 수량으로는 진행이 불가능합니다."

이럴 경우 그 순간 욕먹고 오더는 끝난다. 그러므로 가격과 스펙 변경이 필요할 때는 유효 기간을 명시하거나 납득할 만한 자료를 가지고 사전에 통지하고 협조를 구하는 게 바람직하다.

✔ 독점권과 영업권

항상 분쟁의 여지가 있는 것이 이 독점권과 영업권이다. 바이어의 입장과 수출자의 입장이 분명히 다른데, 바이어의 입장에서 보면 새로운 제품을 런칭할 때는 사전 마케팅과 영업을 동반해야 하기 때문에 초기비용과 노력이 많이 들어간다. 그렇게 남 좋은 일만 시키는 꼴이 될까 봐 영업권과 독점권을 언급한다. 특히 수출자가 더 좋은 조건의 오퍼를 받아 갑자기 수출을 중단하고 바이어를 교체하는 경우도 있는 만큼 대비를 하려 한다.

반면에 수출자 입장에서 보면 독점권과 영업권으로 인해 그 기간에 빅 바이어를 못 만나게 될 수도 있다는 불안감이 지배적이다. 이렇듯 독점권과 영업권(특히, 독점권)은 양날의 칼이기 때문에 조건을 신중하게 검토해야 한다.

◇ 초보 무역 기업이 수출하기 정말 어려운 현실적인 이유는?

새로운 바이어를 찾기란 정말 힘들다. 바이어를 찾기 어려운 원인으로 많은 사람이 '내 제품이 해외에 적합하지 않다.'라거나 '전쟁, 경제 제재 같은 외부 환경이 문제다.'라고 생각하기도 하는데, 과연 그럴까?

전부 틀렸다고 볼 수는 없지만, 근본적이고 현실적인 이유는 시간이다. 바이어를 찾는 데 시간이 오래 걸리는데, 그사이 회사가 버틸 능력이 없는 것이다. 이런 이유로 대부분 업체는 우선 국내 내수를 탄탄히 한 다음, 그 수익으로 해외에 진출하는 것이 정석인 것처럼 생각하지만 그렇게 여유 있는 회사는 많지 않다. 바이어(해외 판로)를 찾는 방법은 크게 두 가지다. 수동적 방법과 적극적 방법.

✔ 수동적 방법

① B2B 사이트에 제품을 올려놓고 인쿼리(문의) 기다리기
② 홈페이지 또는 해외 글로벌 오픈마켓이라고 하는 B2C로
   판매하는 과정에서 가끔 들어오는 B2B 인쿼리에 대응하기

✔ 적극적 방법

전시 상담회, 수출 상담회 등 각종 상담회에 적극적으로 참여해 명함을 나눠주고 바이어 리스트 정리하기.

수동적이든 적극적이든 간에 바이어를 찾는 과정에는 시간이 필요하다. 본 협상에 올라가기도 전에 지치는 것은 어떻게 보면 당연! 시간이 흐를수록 제품은 노후되고, 배는 고픈데 후발 주자들의 카피(Copy) 또한 뒤따른다. 이런 현상이 악순환되는 것도 큰 문제지만, 본 협상에 올라가더라도 바이어와 밀당하고 조율하는 과정 역시 결코 짧지만은 않다. 조급하면 오히려 당하니 서두를 수도 없다.

때로는 몇 달부터 길게는 몇 년까지 걸리기도 하고, 오랜 시간 조율했지만 깨지는 경우도 많다. 그 긴 시간을 까먹는 협상의 중심에는 무역 대금이라고 하는 T/T가 있다. 수출자는 돈부터 달라고 하고 바이어는 물건부터 받길 원하니 믿음을 주고받고 쌓는 시간도 필요하다. 결국, 모든 건 시간이다.

✧ 비즈니스 이메일 상담 Tip

마케팅과 광고를 통해 해외에서 문의(inquiry)가 들어오면 그때 부터 이메일 상담이 시작된다. 누구나 할 수 있으나 결과는 다르 게 나오는 것이 비즈니스 이메일이다. 비즈니스 이메일 상담의 5 가지 Tip을 알아보자.

✔ 급하게 답변할 필요는 없다

해외에서 인쿼리가 왔을 때 급하게 대응하는 경우가 많다. 대 부분 이메일의 진위도 확인하지 않고, 그 회사와 시장에 대한 고민을 1분도 하지 않은 채 준비된 답변 메일을 복사해서 붙이고 첨부하는 경우다. 그러나, 모든 오더의 시작이 문의인 만큼 24시간 이내에 답변해도 충분하며 급하게 처리하면 안 된다.

✔ Price, MOQ, Payment

해외에서 오는 문의 메일의 핵심이다. 이 부분은 협상과 설득이 필요한 민감한 부분이다. 주관적인 의견이 아닌 객관적인 자료로 회사 신용도, 거래처 현황, 신제품 라인업, 소비자 반응, 매출 현황, 특허, 인증서 등을 준비해서 설득해야 한다. 누구나 물어보는 사항이기 때문에 항상 준비해 두어야 하고, 최신 내용으로 업데이트해 유지하고 있어야 한다.

✔ 제품에 대한 정보 노출

바이어라고 말하지만 실제로는 제조사인 경우가 많은 것도 유의해야 한다. 이미 언급한 이메일의 진위 여부를 확인해 보아야 하는 이유가 여기에 포함된다. 만약 제품 기술에 대해 필요 이상으로 물어보는 경우라면 당연히 의심해야 하고, 특히 디자인적인 부분은 쉽게 따라 할 수 있는 만큼 정보 노출을 조심해야 한다.

✔ 간단명료하고 정확, 신중하게

비즈니스 메일을 보낼 때는 조금 늦게 보내도 되지만 절대로 한 번 보낸 내용을 번복해서는 안 된다. 그만큼 보낼 때는 신중해야 한다. 메일을 보내기 전, 여러 번 오타와 내용을 검토하고, 필요하다면 멘토링이나 컨설팅을 통해 간단명료하고 정확한 내용으로 써야 한다.

✔ 상담 리스트를 통한 자료 업데이트

해외에서 인쿼리가 오면 준비된 답변을 한 번 보내고 끝내는 경우가 많다. 그런데 여러 바이어로부터 메일을 받다 보면 깨닫는 사실이 있다. 바로 해외 바이어들은 공통된 질문만 한다는 것! 이런 질문들에 적절한 답변을 사전에 준비해서 다음 메일을 대비하는 것이 좋다.

✧ 해외에서 문의가 왔을 때 진짜인지 가짜인지 판별하는 방법

해외 판매를 의도적으로 고려하지 않았더라도 마케팅을 하다 보면 해외 업체로부터 메일을 자주 받게 된다. 어떤 메일이 진짜이고 가짜인지 고민되는 것은 당연지사! 다른 해외 영업(무역) 고수들은 어떤 식으로 진짜인지 가짜인지 검증할까?

✔ 홈페이지 확인

해외에서 이메일 문의가 오면 가장 먼저 홈페이지에 들어가 샅샅이 검토하는 것이 중요하다. 홈페이지를 통해 최근의 업데이트 사항과 회사의 역량을 확인한 후 우리 제품을 구매할 여건이 되는지를 체크한다. 만약 홈페이지가 없다면 사실상 보류하는 것이 낫다.

✔ 질문 많이 하기

해외에서 문의 메일을 받으면, 준비해 둔 FOB 가격과 제품 상세 페이지, 회사 소개서를 그냥 보내주는 경우가 많다. 하지만, 절대로 그러면 안 된다. 가짜 바이어가 카피(Copy)를 목적으로 보낸 메일일 수도 있기 때문이다. 다음의 질문을 먼저 해보자.

① 우리 회사와 제품에 대해 알게 된 경위
② 회사(바이어) 소개서 요청
③ 현지 판매 계획과 마케팅 계획
④ 현지 인프라 등

우리 제품을 어떻게 팔지와 자금 계획은 무엇인지를 구체적으로 물어봄으로써 진짜 바이어들이 지닌 마인드를 정말 가지고 있는지 확인할 필요가 있다. 이 밖에 제품의 기술적인 내용, 전문용어를 되물음으로써 이쪽 분야를 잘 알고 있는지 확인할 필요도 있다.

✔ 회사 평판 검증

SNS, 유튜브, 블로그 등을 통해 회사에 대한 소문이나 평판을 확인한다. 요새는 구글 검색만으로 충분한 정보가 나오는 만큼, 외국 사이트 검색에 부담을 느낄 필요는 없다.

✔ 무료 샘플 요구 경계

"매달 몇 컨테이너 오더를 할 겁니다", "이쪽 분야에 오랜 경험과 인프라를 가지고 있습니다" 등 능력을 자랑하고 부풀린 다음 무료 샘플과 무료 배송, 독점권을 요구하는 경우가 많다. 그러나 대부분 거짓말이다. 진짜 바이어는 웬만하면 샘플과 배송비를 지불하고, 샘플이 무료면 배송을 유료, 샘플이 유료면 배송을 무료로 진행한다. 최근에는 샘플과 배송을 모두 유료로 진행해 차후 오더에서 차감하는 형태도 많은 만큼, 100% 무료 진행을 요청하면 그냥 무시해도 좋다.

✔ 회사 도메인, 회사 주소, 국가 전화번호의 일치 여부

일단 회사 도메인을 쓰지 않는다면 의심할 필요가 있다. 가짜이거나 영세한 경우가 많다. 미국 회사로서 미국에서 메일을 보낸다는데 회사 주소는 중국이거나 전화번호가 인도인 경우도 있다.

해외 영업, 해외 마케팅, 광고, 홍보를 함에 있어서 가장 먼저 시도하는 것이 이메일 발송이다. 이때, '영어 단어와 숙어, 비즈니스 이메일 양식을 잘 모르는데 바이어의 반응을 기대하기 힘들까?'라고 생각할 수 있지만, 절대 그렇지 않다. 이메일을 쓸 때 중요한 6가지 원칙만 기억하자.

① 스팸 메일의 가능성

우리가 쓰는 메일이 바이어에게는 스팸 메일로 처리될 수 있다. 이 부분을 피할 수 있도록 고려해 보내자.

② 첨부 파일 피하기

모르는 외부메일이 왔는데 첨부 파일을 열어보라고 한다면 대부분 바이러스 걱정을 한다. 그만큼 열어볼 확률이 낮아진다!

③ 다운로드 용량 고려

만약 첨부 파일을 꼭 보낼 필요가 있다면 현지 인터넷 상황을 고려해 최대한 가볍게 보내는 것을 권장한다.

④ 불특정 다수의 수신자

메일을 열어봤는데 불특정 다수에게 보낸 느낌이라든가 내용 자체가 그 사람(업체)을 생각해 보내진 느낌이 아니라면 바로 휴

지통으로 향한다.

⑤ 짧고 굵은 내용 정리 한 방

많은 내용을 구구절절 적기보다는 임팩트 있는 한 방을 쓰되 더 자세한 정보는 홈페이지 방문을 통해 알 수 있음을 유도해 다양함을 보여주는 것이 좋다.

⑥ 해당 회사에 대한 언급

이메일에 그 회사의 최근 동향에 대한 적절한 이야기를 넣어 보내면 바이어로서는 당연히 호감을 갖게 된다. 중요한 부분이다.

❖ 전시회 효과를 높이는 마케팅 전략

'전시회에 안 나간다는 것은 수출을 포기한다는 것과 같다!'

'바이어 발굴'이나 '해외 판로'에 대해 검색하면 온라인 사이트에서 바이어를 찾는 방법이나 수출 대행업체가 기본으로 나오기는 하지만, 지금까지 어떤 방식을 시도해 봐도 전시회가 가장 효과적이라는 게 정설이다. 삼성, LG를 비롯해 웬만한 기업이라면 전시회를 기본으로 생각한다. 일단, 계약의 경우 절대 인터넷만으로 성사되긴 어렵다. 거래 금액이 큰데 'T/T' 결제를 얼굴도 보지 않는 상태에서 계약해 진행한다는 것은 말이 되지 않는다. 그러므로 어떤 마케팅을 하든 계약을 하기 위해서는 전시회 상담회와 비즈니스 상담회를 거쳐야 한다고 보면 된다.

전시회의 효과는 다양하다.
① 짧은 시간에 마케팅, 홍보 가능
② 같은 목적의 바이어들이 한곳에 있어 계약 성사율이 높음
③ 통계 숫자가 아닌 최근 트렌드를 반영한 시장 조사 가능
④ 나의 제품을 다양한 고객들에게 선보이기 때문에 객관적 평가가 가능
⑤ 유튜브 등 각종 매체가 한자리에 모여 타깃 홍보 가능
⑥ 전시회 부스 크기에 따라 외부에서 보는 신뢰도 상승
⑦ 현장 계약 성사는 못 하더라도 불씨를 만들 수 있음

이런 장점들에도 불구하고, 전시회 노하우가 부족하고 시간과 돈의 투입이 부담스럽고 결과에 대한 불확실성으로 대부분 포기하고 만다. 그렇다면 전시회의 효과를 극대화하기 위해서는 어떻게 마케팅 전략을 짜야 할까? 바로 사전 마케팅, 사후 마케팅, 현장 마케팅 전략을 조화롭게 잘 짜야 한다.

✔ 사전 마케팅(메일링, 홈페이지 정비)

초청 메일은 필수! 메일 홍보는 다다익선이다. 전혀 상관없는 업체에 마구잡이식으로 보내라는 것이 아니라 잠재적 바이어에게 보내야 한다. 대상은 주최 측에 요청하거나 관공서에 관련 업

체 보유 리스트를 요청해 확보하면 된다. 비즈니스 상담회를 비롯한 바이어 상담회는 대부분 기관에서 주관하기 때문에 리스트를 가지고 있을 확률이 높고, 어느 정도 신뢰할 수도 있다.

바이어는 초청 메일을 받는 순간, 관심이 있으면 업체에 대해 알기 위해 홈페이지에 들어가 검증을 한다. 그렇기 때문에 홈페이지를 적절히 업데이트해서 바이어가 전시장에 방문해서 상담할 수 있도록 만들어야 한다. 홈페이지가 없더라도 회사를 대표할 수 있는 사이트는 반드시 있어야 한다. 해외에 있는 바이어가 바다 건너에 있는 업체에 대해 알 방법이 없기 때문이다. 회사에 대한 검증은 홈페이지에서 시작된다는 점! 명심하자.

✔ 현장 마케팅(적절한 이벤트 진행)

현장에서는 무조건 사람이 모여들게 해야 한다. 대부분 비용을 생각해 모니터를 이용한 영상을 틀어준다거나 포스터를 붙이며 인테리어에만 신경을 쓰는데, 가장 효과적인 것은 적절한 이벤트다. 방문 선물을 준비한다거나, 도우미를 이용해 게임을 진행하는 등 자신의 아이템에 맞는 이벤트를 준비해야 한다. 이때, 현장 운영진들의 업무 분담과 사전 교육은 필수다.

✔ 사후 마케팅(감사 메일 발송)

전시회에서 돌아오면 방문자 리스트를 정리하고, 감사 메일을 보낸다. 이때부터 본격적인 상담과 오더가 진행된다. 주의할 점은 모든 방문자가 바이어가 아니라 제조사일 수도 있다는 사실! 언제나 카피(Copy)를 주의해야 하고 독점권은 양날의 칼이기 때문에 신중하게 고려해야 한다.

✧ 전시회 참가 및 운영, 결과에 대한 선입견

정신적, 육체적, 물질적으로 많은 자원과 에너지가 투입되는 만큼 전시회 참여 결정이 쉬운 것만은 아니다. 잘 결정하기 위해서는 국내 전시회와 해외 전시회에 대한 선입견을 먼저 바로 볼 필요가 있다. 보통 해외 판로를 찾을 때는 대부분 기존에 알고 있거나 소개받은 바이어 또는 에이전트에서 시작하게 된다. 효과는 어떠할까? 대부분 많이 부족하다고 느꼈을 것이다.

그렇기 때문에 누구나 인정하고 실제로 효과를 보는 가성비 끝판왕 전시회에 눈을 돌리게 된다. 정부기관이나 지자체에서 다방면 지원을 해주기 때문에 그렇게 큰 부담은 갖지 않아도 되지만, 당연히 의지가 중요하다.

그러나 의지만으로는 부족한 것도 사실이다. 인터넷상에 떠도는 정보는 많지만 무엇이 진짜인지 가짜인지 분간하기 어려워 쉽게 접근하기 어려운 것이 전시회이기 때문이다. 나와는 다른 상황의 이야기 같거나 너무 이론적으로 느껴지기도 한다. 이때, 전시회 실전에 대한 정보가 적은 이유는 모든 것이 100% 경험에서 나오기 때문이기도 하다. 잘 아는 사람이 적은 만큼 전시회에 대한 선입견과 착각, Q&A가 무성한 것이다. 다음 정리를 참고해 보자.

✔ 전시회 가면 계약이 가능하다?

대부분 그렇게 알고 있다. 운영 측에서도 주최 측에서도 그렇게 홍보하기 때문이다. 결과적으로 보면 전시회에 진심을 다하는 참가자들에게는 희망고문 같은 얘기다. 최소 같은 전시회에 세 번은 참여해야 바이어를 만날 수 있다는 것이 정설! 한 번은 너무 부족한 횟수지만 대부분 여기에서 포기한다.

바이어 입장에서 보면 신뢰할 수 있는 제조사를 찾는 과정이기 때문에 당연히 한 번으로는 부족하다. 소개팅에서 만나 한 번에 결혼하는 상황이라고 생각하면 이해하기 쉽다. 전시회 주최 측은 홍보 자료로 방문자 수, 계약 체결 수, 계약 금액 등을 보여주지만, 어디까지나 참고 자료로 이해하면 된다.

✔ 현장 판매가 가능하다?

스타트업 또는 소규모 회사에서 많이 궁금해하는 부분이다. 현장 판매를 통해 어느 정도 들인 비용을 상쇄하고 싶어 하기 때문이다. 단순한 판매 여부를 넘어 소비자의 반응도 볼 수 있고, B2C 홍보 또한 가능하기 때문에 적극적으로 활용하는 업체도 많다. 국내는 판매를 허용하는 경우가 많지만 해외 진시회에서는 원칙적으로 판매를 금하거나 전시회 마지막 날이나 일정 시간에 한해 소비자에게 판매를 허용하는 경우도 많기 때문에 잘 알아 볼 필요가 있다.

✔ 공동 부스로는 뭔가 부족하다?

전시회에는 독립 부스와 공동 부스가 있다. 전시회의 마케팅 효과가 크기 때문에 정부 기관이나 지자체에서 적극적으로 공동 부스를 만들어 줘 전시회에 참가한다. 여러 혜택이 있기 때문에 자금력이 부족하거나 경험이 없는 중소업체한테는 물심양면으로 큰 도움이 된다.

그 반면에 독립 부스는 상대적으로 돈이 많이 들어가고 처음부터 끝까지 홀로 진행해야 하기 때문에 경험이 없는 중소업체한테는 큰 부담일 수밖에 없다. 대외적인 면이나 바이어에게 각인시키는 부분에서는 독립 부스가 효과가 더 좋지만, 어떻게 운영하느냐가 전시회의 성과를 판가름하기 때문에 꼭 독립 부스만 고집할 수는 없다.

✔ 일단 참여하면 큰 도움이 될 것이다?

반은 맞고, 반은 틀리다. 당연히 참여를 안 하는 것보다는 하는 것이 마케팅과 홍보 부분에서 도움이 되는 것이 사실이다. 그러나 매출까지 가는 데에는 시간이 필요한 만큼 갑자기 눈에 띄게 급성장하지는 않는다. 결국, 꾸준한 참여를 각오해야 한다.

✔ 비용에 비해 효과가 작다?

대기업들이 전시회에 꾸준히 나가는 이유와 바이어들이 전시회에 자주 찾아가는 이유는 무엇일까? 전시회가 오랜 역사를 가진 만큼 효과가 커서다. 수요와 공급이 한자리에 모인다는 것에 특별한 의미가 있기 때문이다. 수요자나 공급자 입장에서 가성비가 아주 좋다는 반증! 하지만 앞서 말했듯 꾸준히 참여해야 효과가 생기는 만큼 단기간 내 효과는 기대하기 어렵다. 만약, 전시회에 대한 노하우를 전문가에게 컨설팅받고 싶다면 체크 포인트는 아래와 같다.

> - 그 강사(멘토)가 어떤 나라에 얼마나 자주 갔는가?
> - 어떤 아이템으로 어떻게 홍보 및 마케팅을 진행했는가?
> - 어떤 전시회를 택해서 부스를 기획하고 운영했으며, 왜 그 전시회를 택했는가?
> - 그 전시회를 통해 어떤 영업 활동과 결과물을 낳았는가?

◇ 전시회 효과를 극대화할 준비사항

공동관으로 진행할 경우에는 주관 기관에서 숙박시설과 항공권, 입장권, 뼈내 수준의 현지 부스 인테리어, 운영 서비스 지원 정도를 제공한다. 즉, 본인이 인테리어, 포스터, 동영상, 영업 및 마케팅 자료, 전시할 제품 등 필요한 물품들은 직접 챙겨야 한다.

✔ 전시 제품 준비

미리 배에 실을 것과 핸드 캐리할 제품을 구분하고, 배치도를 숙지해 현장의 혼선을 막고 최선의 효과를 내도록 하는 것이 관건이다. 전시장에서 세팅하다 우왕좌왕하는 경우도 많은 만큼 미리 준비해 최적의 효율을 끌어내야 한다.

✔ 현장 미팅, 이벤트 스케줄 체크

스케줄은 도착하기 전까지 지속적으로 챙겨야 공백이 생기지 않는다. 작은 구멍 하나가 프로젝트를 망치는 경우도 많기 때문에 시뮬레이션을 자주 해서 실수를 줄여야 한다.

✔ 현장 광고용 영상과 장비

전시회는 많은 사람이 한 공간에 있어 피로도가 상당히 높다. 그 넓은 공간에서 방문객들이 부스 하나하나에 집중하는 일은 정말 어렵다. 그러므로 시선을 끌 만한 영상과 장비에 대한 고민을 많이 하고 엄선해서 세팅해야 한다. 전시회에서는 시선을 못 끌면 망하기 때문에 성패는 여기에 달렸다고 볼 수도 있다.

✔ 상담용 자료와 교육

전시회의 목적은 '바이어 발굴'이다. 그렇기 때문에 회사 소개서, 가격표, 각종 인증자료를 준비하고 상담 직원은 교육을 통해 실수가 없도록 해야 한다. 정확한 업무 분장은 효율을 극대화한다.

✔ 포스터, 인테리어 소품

공동 부스의 경우 보통 한 부스가 차지하는 너비가 세 발자국 정도이기 때문에 짧은 시간에 시선을 끌 수 있게 꾸며야 한다. 홍보할 아이템에 어울리는 포스터와 인테리어는 고민을 많이 해야 하는 요소다.

✔ 카탈로그와 기념품

부스 앞에 비치해 누구나 가져갈 수 있게 하고 그 옆에 자연스럽게 명함 통을 두어 가져가게 하는 것이 좋다. 현장 이벤트의 가성비 끝판왕은 당연히 기념품이다. 방문자의 레벨에 맞춘 기념품을 따로 준비하는 것이 좋고, 기념품 안에는 반드시 회사 웹사이트 주소가 있어야 한다. 전시회장을 나갈 때 카탈로그와 명함은 버려도 기념품은 꼭 챙긴다는 사실!

전시회장에 가면 양복을 입고 의자에 앉아 계시는 어르신들을 많이 볼 수 있는데, 딱딱하게 느껴져 방문객의 접근성을 막는 악효과를 낸다. 회사에 맞는 적절한 유니폼을 입으면 또 하나의 홍보 효과가 생기는 만큼 갖추는 게 좋다. 여기에 명찰은 회사의 격을 보여주는 소품이 된다.

✧ 수출 상담회, 바이어 상담회, 전시 상담회를 자주 다녀야 하는 이유

무역 초보 기업, 스타트업이 해외로 진출하려 할 때 공통적으로 고민하는 것들이 있다. 해외 바이어 발굴, 해외 마케팅, 신제품 기획을 위한 시장 트렌드 분석, 해외 유통망, 회사 홍보, 계약 등…. 누구나 고민하지만 엄청난 노하우, 시간, 돈이 들어가는 영역이다. 그렇다고 무역 부서를 따로 만들자니 부담스럽고, 중간 브로커한테 맡기기도 꺼리게 된다. 대부분 접근하는 방식은 기존에 알고 지낸 인맥과 인터넷 검색을 통한 정보 수집으로 시작하지만, 턱없이 부족하다. 이런 고민들을 한 방에 끝낼 수 있는 것이 바로 각종 상담회와 전시회다. 가장 현실성 있고, 가성비 좋고, 정부와 지자체의 지원 프로그램도 있으며, 누구나 인정하는 B2B에 최적화된 방법!

각종 상담회와 전시회를 어떻게 활용하느냐에 따라 많은 고민을 해소할 수 있다. 여기에서 얻을 수 있는 것들을 자세히 살펴보자.

✔ 현지 통관, 인증 등에 대한 정보 획득

해외로 수출하려 할 때 가장 먼저 준비하는 것은 아이템이다. 아이템을 기획할 때는 제일 먼저 통관과 인증, 특허를 고려해야 한다. 애써 만든 제품이라도 통관이 안 되면 수출 자체가 안 된다. 이런 다양한 부분에 대해서는 바이어만큼 잘 아는 사람이 없다.

✔ 시장 진입 기준과 유통 경로 파악

소비자 가격, 도매가격, 시장 분위기를 통해 현재 내 제품에 대한 포지션을 정확히 정할 필요가 있다. 온라인 판매가 좋을지 오프라인 판매가 좋을지, B2B가 좋을지 B2C가 좋을지, 어떤 유통 경로로 접근하는 게 좋을지, 가격, 홍보, 스펙 중 무엇에 문제가 있는지, 타사 제품과의 경쟁이 가능한지 등 궁금한 것을 물어보면 다 알려주는 정보원이 바로 바이어라는 사실!

✔ 동종 업계 트렌드 분석 기회 향상

전시회의 부스 위치는 지역, 아이템 등 특정 기준을 중심으로 묶인다. 타 업체 제품과의 비교 분석으로 현재 내 제품에 대한 객관적 평가를 할 수 있고, 신선 기술노 배울 수 있나는 것은 항후 신제품 선정 및 개발에 특히 큰 도움이 된다.

✔ 현지 시장 조사 대체 가능

시장 조사를 한다고 하면 대부분 해외 현지에 가서 한다는 말을 많이 들었을 것이다. 그러나 이론과 실제는 다르다. 수출 초보 기업한테는 상당히 부담스러운 일이다. 상담회만큼 다양한 국가의 바이어를 만나 현지 시장 분위기와 유통 경로, 영업 방식에 대한 정보를 쉽게 얻을 기회는 없다. 누구보다도 실제로 그 현장에서 일하고 있는 사람들이기 때문에 정확한 실시간 정보를 쉽게 얻을 수 있다. 효과를 극대화하기 위해 질문 목록을 따로 준비해 가는 것도 좋은 방법이다.

✔ 보유 제품의 객관적 평가 가능

제품을 기획하고 시장에 선보이는 과정에서는 수시로 객관적 평가를 받아 제품을 수정, 보완해야 한다. 상담 바이어들에게 객관적 평가를 위해 적극적으로 무엇이 문제인지 물어봄으로써 제품을 한층 업그레이드해야 한다. 부스 방문객들을 통해서도 객관적인 평가가 이루어질 수 있는데, 이런 정보를 바탕으로 제품은 한층 업그레이드된다.

✔ 전시회 운영, 바이어 상담 노하우 향상

앞서 같은 전시회에 최소 3번 이상 다녀야 효과가 생긴다고 말했다. 전시회 참가 횟수가 늘수록 운영 노하우가 늘어 바이어 매칭 기회도 당연히 늘고, 좋은 결과로 이어진다. 특히, 바이어 상담 스킬에는 경험이 상당히 중요하다. 무역업의 특성상 실력은 경험에서 나온다. 상담을 하다 보면 스스로 가진 문제점을 분명히 알게 된다. 다양한 바이어 상담을 통해 실력이 쌓이면 오더 매칭 능력이 다방면으로 업그레이드되어 실질적인 오더 가능성도 커진다.

✔ 회사 홍보, 광고 마케팅 효과 증대

전시회 방문객들은 향후 내 제품의 잠재적인 바이어가 될 수 있다. 전시회는 자연스럽게 B2C로 회사와 제품을 홍보할 수 있는 좋은 기회다. 부스 내에 있는 모니터를 통해 할 수도 있고, 홍보 자료 배포와 명함을 통해서도 충분하다. 특히 해외 기자들을 통한 홍보 가능성도 얻을 수 있다. 요즘은 전문 방송 매체가 아닌 유튜브 같은 1인 방송이 아주 많다. 그 덕에 큰 수고를 하지 않더라도 국내외로 회사와 제품 홍보가 실시간으로 이루어지며 자연스럽게 노출 기회를 얻는 장점이 있다.

✔ 신제품 발표 기회 부여

전시회에서 신제품을 선보여 회사 홍보 효과를 기대하거나 지속적인 제품 출시로 회사의 신뢰도를 높일 수도 있다. 그러나 이는 카피(Copy)를 노리는 움직임에 그대로 노출되는 만큼 신중해야 한다.

우리가 실질적으로 바이어를 만날 수 있는 기회는 바이어 상담회, 전시회 상담회, 수출 상담회에 있다. 대부분 샘플과 가격표 그리고 희망을 갖고 바이어를 만나지만 끝나고 나서는 영양가 없다고 욕하는 게 이런 상담회이기도 하지만, 그만한 기회도 없다. 그런 바이어 상담회의 핵심은 딱 2가지다. '제품'과 '회사 소개'!

제품을 팔려면 가격과 스펙이 중요하다. 또, 바이어가 T/T 선급금을 줘도 안전하게 출고하고, 망하지 않으며, 지속적으로 업그레이드도 되는 믿을 만한 회사임을 어필해야 한다.

이때 필수품은 제품 상세 페이지, 회사 소개서, 샘플, 회사에 대한 각종 인증서, 제품에 대한 수상 내역 등의 객관적 증명서다. 기존 판매 업체 리스트와 소비자 반응을 추가해 신뢰도를 높이는 것도 핵심이다. 하드 카피(인쇄한 데이터)와 소프트 카피(모니터에 출력되는 데이터)를 동시에 준비하고 적절한 동영상도 추가하는 것이 좋다. 홈페이지도 업데이트해 두자.

상담 후에는 대부분의 바이어가 소프트 카피를 요구하기 때문에, 제품 카피(Copy)를 반드시 조심해야 한다. 왜냐하면, 지금 상대하는 바이어가 가짜 바이어일 수도 있기 때문이다. 가격은 FOB로 준비하면 되고, 무역 대금은 T/T 비율과 시기가 중요한 만큼 고민을 좀 해야 한다. 누구나 100% 선급금을 원하지만 바이어는 그렇지 않은 만큼 상담 전에 미리 다양한 옵션을 준비해 두는 것이 좋다. 또, 영어를 못해서 통역사가 있더라도 너무 의지하지 말고 제품과 회사 소개 정도는 직접 해야 한다. 누구도 제품에 대해 나보다는 잘 알지 못하기 때문이다.

✧ 비즈니스 상담회에서 바이어의 입장을 이해하며 논의해야 하는 이유

바이어를 찾기 위해 꼭 참여해야 하는 바이어 상담회, 전시회 상담회, 비즈니스 상담회! 대부분 목표가 "바이어를 어떻게 설득할 것인가?"라는 영업적인 부분이기 때문에 상담 분위기와 내용이 창과 방패처럼 팽팽한 경우가 많다. 수출자는 어떻게든 설득하는 것이, 바이어는 어떻게든 검증하는 것이 목표이다 보니 분위기가 냉랭하게 느껴지기도 한다. 실제 오더로 연결돼서 지속적인 매출을 유지하는 여러 사례를 보면 이런 방식이 과연 100% 맞을까에 대한 의문이 생긴다.

과거에는 단순히 바이어 설득이 목표였다면, 지금은 바이어가 높은 매출을 기록하고 부자가 되는 방향으로 논의를 진행하는 경우가 많다. 즉, 설득보다 논의로 접근하는 방식이 창과 방패가 아닌 동반자 관계를 형성시켜서 더 효과적으로 작동하는 셈이다. 이 동반자적 신뢰 위에서 시장을 분석하고 솔루션을 내놓으면 매출 증가에도 큰 도움이 될 가능성이 크다.

결국, 각종 상담회의 목표가 단순히 바이어 설득이면 안 된다.

"어떻게 하면 바이어가 내 제품을 가지고 그 시장에서 성공하고 부자가 될 수 있느냐"라는 논의가 관건이 되어야 한다. 이런 목표 아래서는 바이어 상담회도 부드럽게 진행되며, 서로 만족할 만한 결과물도 기대할 수 있게 된다.

바이어 입장에서는 바이어가 보는 관점에서의 해외 시장 분석 과 수출자(제조자) 입장에서 보는 시장 분석을 통해 더 나은 방법 을 모색할 수 있고, 수출자 또한 이런 분석과 제안을 통해 얻은 지식을 근거로 그 시장을 새롭게 바라볼 수 있다. 양측 모두 폭 넓은 시야를 얻는 것이다. 또, 지금 상담한 바이어가 아니더라도 다른 바이어를 만날 때의 밑거름이 되기 때문에 절대 손해 볼 일 은 없다. 비즈니스 상담 전부터 관련 시장을 공부, 연구하고 수 출자의 역할과 현지 바이어의 역할에 대해 고민했다면 상담회에 서 단순히 바이어를 설득하려고 목표했던 것보다는 훨씬 많은 성 과를 낼 수 있다. 실질적인 오더가 이뤄질 수도 있고, 안되더라도 많은 것을 배운 채 다른 바이어 발굴을 기약할 수 있다.

상담회에 참가하는 영업사원이 명심해야 하는 것! 바이어 설 득을 목표로 하지 말 것! 그 바이어가 해당 제품을 가지고 현지 에서 활동했을 때 어떤 효과를 볼 수 있고, 얼마의 매출을 낼 수 있으며, 그에 따른 증빙 자료는 무엇인지를 공유하는 것이 핵 심이 되어야 한다. 만약 제품은 정말 좋은데 바이어를 찾기가 너 무 힘들다면, 나의 영업 방식에 문제가 없는지를 꼭 점검하고 살 펴보길 바란다.

수출은 제품 상세 페이지와 제안서에서 시작된다고도 볼 수 있다. 이메일로 바이어와 첫 컨택을 할 때도 필요하고, 바이어 상담회에서 가장 먼저 보여주는 용도로도 필요하다. 즉, 온·오프라인 할 것 없이 제품의 좋은 첫인상을 결정짓는 데는 잘 만든 상세 페이지가 무척 핵심적인 요소라고 할 수 있다. 때론, 제품 상세 페이지 하나가 제품 소개서와 제안서를 대신하기도 한다.

과거에는 제품 상세 페이지를 만들 때 '간단한 회사 소개, 제품 사진 컷과 설명, MOQ, 가격 조건, 결제 조건'을 표시했고, 콘텐츠로는 주로 텍스트를 사용했다. 그러나 최근에는 제품의 사진 비중이 높아지기 시작했고, 제품 활용 컷을 넣어 이해하기 쉽게 설명하며, 점차 동영상을 넣는 것이 추세가 되었다. 한마디로, 제품 상세 페이지에 바이어가 궁금해할 것들을 다 녹여 넣는다고 보면 된다. 제품의 실물을 바이어가 볼 수 없는 만큼 어떻게 관심을 끌고 설명할 수 있을지를 항상 고민해야 한다. 또한, 최근에는 사진과 영상 의존도가 높아 고화질로 첨부하는 것이 좋다.

✔ 세분화한 내용

수량에 따른 가격, 온라인 가격, 도매가격, 소매가격, 수출 가격 등을 세분화해서 준비하는 게 좋다.

✔ 공신력을 높이는 자료 첨부

정부 기관에서 받은 회사 인증서, 해당 제품에 대한 인증서(제품 성분 또는 스펙 포함), 타 국가나 타 사이트에서의 판매 데이터, 협력 업체 소개, 해당 제품을 경험해 본 회사나 유명인 소개 등이 해당된다. 제품만 좋으면 되지 공신력이 무슨 의미가 있는가 생각할 수 있지만, 무역 대금은 T/T 또는 L/C로 지급되는 만큼 서로 신뢰가 없으면 성사되기 쉽지 않다. 그러므로 공신력을 높이는 노력을 통해서 바이어가 회사와 제품에 대해 신뢰를 갖게 하는 것이 중요하다.

✔ 인터뷰 및 전문가의 소견

가능하다면 인터뷰를 준비해 전문가의 소견을 첨부하면 더욱 좋다. 물론, 이것저것 넣다 보면 페이지 수가 늘어나는데, 최대한 압축하는 것도 관건이다. 쉬운 단어를 쓰되 쉽게 열어볼 수 있도록 최대한 가볍게 작업한다.

◆ 오더 확정 후, 계약부터 선적까지의 수출 프로세스

전반적인 프로세스라는 제대로 된 숲을 봐야 항목별 내용을 이해하기 쉬운 것이 무역이다. 프로세스 각 부분의 체크 포인트도 확실히 알아야 수출 프로세스를 잘 이해하고 있다고 말할 수 있다. 전시회 등을 통해 업체 발굴에 성공한 후, 오더를 확정하고 일어나는 계약부터 선적까지의 수출 프로세스를 다시 한번 정리해 보자.

오더 확정 후 전반적인 수출 프로세스

- P/I → P/O → 생산 발주 → 생산 및 검품 → 선적 서류 작성 → 포워더 컨택 → 출고 및 선적 → 체크 B/L → 오리지널 B/L 또는 서랜더 B/L 및 무역 대금 정산 완료

✔ **P/I(Proforma invoice) & P/O(Purchase order)**

오더를 받기 위해 영업과 마케팅, 바이어 상담을 열심히 하고 바이어가 컨펌하면 P/I와 P/O 작업에 들어간다. P/I와 P/O는 오더 확정을 서류로 작업한다는 뜻이다. 오퍼 가격은 보통 FOB로 산정하고 바이어의 피드백을 통해 Ex-work, CIF 조건 등으로 가격을 재오퍼하게 된다. 수출자가 P/I를 만들어서 바이어에게 전달하면, 바이어가 P/O를 만들어서 수출자에게 전달한다(순서가 바뀌는 경우도 있다.). 아이템에 따라 계약서의 두께가 달라지기도 하지만, 간단한 계약서인 P/I, P/O로도 충분해 널리 쓰인다. 여기서 주의해야 할 부분은 하단에 양측의 사인이 있어야 하고, 기존에 협의한 내용과 일치하는지 정확히 확인하는 것이다.

✔ 생산(상품) 발주

P/I와 P/O가 성립되면 공장에 상품 발주서를 넣는다. 제품 모델, 스펙, 수량을 정리한 서류다. 추후, 딴말할 수 있는 것을 방지하고자 유·무선상으로 발주하지 않고, 정확한 양식을 통해 발주한다. 외부 협력 업체에서 작업하는 제품일 때 더욱 조심할 것이 있는데, 발주서의 제품 가격을 잘 써야 한다는 것이다. 공장에 발주하는 가격이 아니라 바이어(해외)에게 오퍼한 가격을 적는 경우가 꽤 있다. 제품이 다 만들어지면 바이어에게 통보하면 된다.

✔ 생산 및 검품

검품은 생산 라인에서 랜덤으로 하는 경우도 있고, 생산을 완료한 후나 출고 전에 하는 경우도 있다. 바이어의 요청에 의해 검품 전문 기관이 진행하는 경우도 있다. 즉, 검품이 필요하다면 검품 스케줄을 잡고 바이어가 원하는 방식으로 진행하면 된다. 사전 출고 검품이 수출자에게 더 편할 수 있는데, 그 이유는 추후에 생길지 모를 품질 클레임에 대한 변명의 여지를 갖기 때문이다.

✔ 선적 서류 작성, 포워더 컨택, 체크 B/L

바이어가 컨펌하면, 인코텀즈 조건에 따라 포워더를 직접 컨택할지 말지 여부를 결정하고, 바이어에게 Consignee, Notify party 등 선적 서류에 들어갈 주요 정보를 받는다.

포워더에게 인보이스와 패킹리스트를 전달하기 전에 바이어에게 컨펌받는 것이 좋은 이유는 언더 밸류나 오버 밸류로 진행하는 경우도 있고, 통관에 필요한 문구가 있을 수 있기 때문이다.

컨펌된 인보이스, 패킹리스트를 준비해 포워더에게 전달하면 선적 후 포워더가 체크 B/L를 먼저 보내준다. 이때 대충 보는 사람도 있는데, 꼼꼼히 살펴보고 의심되는 것은 꼭 확인해야 한다. 내가 작성한 선적 서류에 오류가 있는 경우도 있고, 포워더 담당자의 실수로 오타가 나는 경우도 있다.

✔ 오리지널 B/L 또는 서랜더 B/L 발송

선적이 끝나면 포워더(선사)에서 수출제비용을 요청한다. FOB든 CIF든 상관없이 지불해야 한다. 그러면 포워더로부터 오리지널 B/L이 정식으로 발행된다. 여기서 결정해야 할 것은 오리지널 B/L로 할 것인가, 서랜더 B/L로 할 것인가다. 정답이라면 바이어가 원하는 대로 해주면 된다. 앞서 살펴봤듯 보통 서랜더 B/L은 지리적으로 가까울 때 사용한다. 항상 주의해야 할 것은 B/L은 한번 발행하면 끝이라는 것!

✔ B/L 양도 및 대금 정산

T/T 조건이라면 잔금은 B/L과 맞바꾸는 조건이 대부분이기 때문에 B/L 양도전에 반드시 대금 정산을 확인해야 한다.

✧ 무역에서 흔한 클레임의 종류와 대응법은?

무역은 두 개의 이익 집단이 만나서 서로 합의하고 절충해 윈윈 효과를 내는 것이다. 그만큼 신뢰가 중요하다. 수량 부족, 품질 문제 등 서로 좋을 때는 웃고 넘어가던 것이 신뢰에 금이 간 상황에서는 더 심각하게 번지며 살벌해지는 것이 무역 클레임이다.

클레임이 터졌을 때는 어떻게 대응하느냐에 따라 일이 더 커질 수도 있고 작아질 수도 있다. 그만큼 클레임에 대해서는 꼭 적극적인 대응이 필요하다. 거창하게 클레임까지 가진 않더라도 무역업을 하다 보면 납기 지연, 파손 논쟁, 수량 불일치 문제가 항상 따라다니는 만큼 미리 대처 방안을 진지하게 고민해야 한다.

✔ 품질 클레임

스펙, 포장, 컬러 등 수출자와 수입자는 샘플을 통해 다양한 부분을 협의한다. 승인용 샘플이 세팅되면 그게 곧 생산 기준이 된다. 그렇기 때문에 만약을 대비해 수출업체와 바이어는 각각 샘플을 한 개씩 보관한다.

제조를 해본 사람들은 다 알겠지만, 100% 같은 품질을 유지하기란 쉽지 않다. 일부러 그렇게 출고하는 것이 아닌데도 조금씩 샘플과 달라지는 경우가 발생한다. 품질 클레임은 무역에서 가장 흔한 클레임이지만, 대응하기가 쉽지 않다. 그 이유는 내 공장에서 만든 제품이면 어떻게든 대응하면 되는데 남의 제품을 사서 파는 무역 회사라면 공장과 바이어 사이에서 난감해질 수밖에 없어 잘 조율해야 한다. 만약 사전에 발견된 부분이 있다면 바이어에게 미리 통보해 양해를 구하는 것도 하나의 방법이다. 혹은 불량률을 감안해서 여분의 수량을 같이 싣는 방법도 있다.

✔ 수량 클레임

이는 출고 시 수량과 도착 시 수량에 차이가 나는 경우다. 아주 흔한 클레임 중 하나면서 애매한 클레임이다. 공장에서는 숫자가 정확하다고 하는데, 바이어는 숫자가 다르다고 하는 것이다. 의도적인 행위이기보다는 계산 오류일 가능성이 크지만, 수출자, 포워더, 수입자 삼자 간의 잘잘못을 따지기가 상당히 어렵다.

누구는 계약 수량보다 더 많이 싣는 문제에 대해 관대하기도 한데 무역에서는 통관상의 문제 등 예상치 못한 문제도 생길 수 있기 때문에 절대로 그러면 안 된다. 수량 클레임 발생 시에는 제품을 나중에 따로 보낼 경우 그만큼의 비용과 시간이 발생하므로 RMA로 대응하는 것도 하나의 방법이다.

✔ 파손 클레임

기본적으로 파손과 수량 클레임은 납기 클레임에 비해 다루기가 상당히 어렵다. 애매한 부분이 많아 정확한 잘잘못을 따지기 어려워서다.

제품 파손과 수량 문제를 대할 때는 우리가 잘 아는 Ex-work, FOB, CIF 같은 인코텀즈와 연관해 따지려는 경우도 있고 포워더와 바이어에게 책임을 넘기는 경우도 많다. 예를 들면, "FOB 조건이니까 수출자는 선적 전까지만 책임을 진다.", "LCL 조건이므로 분실은 포워더 책임일 수도 있다.", "FCL 조건이므로 분실은 100% 없다.", "바이어가 괜히 트집 잡는 거다." 등. 결국, 수출자는 정확한 수량과 파손 여부를 검품해서 출고했다고 하고, 바이어는 수량이 부족하다거나 파손이 있다고 말한다. 포워더는 컨테이너가 LCL든 FCL든 그대로 운송했기 때문에 책임이 없다고 한다. 이럴 때는 어떻게 해야 할까?

당연히 협상이 중요하고, 정답은 없다. 누가 갑의 위치에 있고, 누가 더 합리적인 근거를 제시하느냐가 관건이다.

✔ 포장 클레임

포장 문제는 리테일(retail, 소매) 박스에서 발생한다. 약속과 다른 포장지를 쓸 때도 있지만 상자 또는 포장지가 파손돼서 재작업을 해야 할 때도 있다. 수입자 입장에서는 추가적인 비용이 발생할 수 있고, 그만큼 판매 시간이 지연될 수도 있어 클레임 대상이 된다. 이런 단순 교체 작업을 위해 RMA처럼 미리 제품 또는 부속품을 사전에 보내 놓는 경우도 있는 만큼 다양한 방법을 모색해야 한다.

✔ 납기 클레임

품질과 수량 클레임은 배가 도착한 후 바이어의 검품에서 바로 이루어지는 경우도 있고 시간이 흐른 뒤에 이루어지는 경우도 있지만, 납기 클레임은 일자와 관련되어 있는 만큼 바로 제기된다.

여기서 우리는 '납기의 기준'이 궁금해진다. 이는 바로 B/L에서의 'on board' 날짜 또는 ETD(출발 예정일)다. 최대한 약속 날짜를 맞추려고 하지만 어려울 때는 역시 사전에 바이어에게 통보하는 것이 좋다. 수출자에게는 변명의 여지가 없으므로 속일 생각을 하면 안 되고, 바이어에게 사전 통지하는 것이 가장 현명한 방법이다. 사람이 하는 일인 만큼 누구나 실수를 할 수 있고 납기가 깨질 수도 있다는 것을 누구나 안다. 이들 언제 어떻게 통지하고 책임지는 태도를 어떻게 보여주느냐에 따라 클레임의 강도가 달라지기 때문에 의외로 쉽게 넘어갈 수도 있고, 문제가 복잡해질 수도 있다.

✔ 마켓 클레임

　바이어가 협조를 요청하는 경우다. P/I를 작성하고 생산 시간과 도착 시간을 감안하면 대략 한 달 반 정도의 시간이 흘러야 해외 현지에 도착한다. 그사이에 환율이나 시장 환경이 급속도로 변했을 때, 또는 기존 재고가 악성 재고로 바뀌어서 일시적 위험이 생겼을 때처럼 다양한 이유로 바이어가 고통 분담을 요청하는 경우다. 여기서 중요한 것은 무역은 하나를 주면 하나를 받아야 하기 때문에 어느 정도의 생색은 필요하다는 것이다.

　막상 보면, 지속적인 거래를 한다는 전제하에 극한 대립은 서로 안 하는 게 대부분이다. 그래서 대부분 상식선에서 양보와 협상을 하려 한다. 그 양보를 누가 더 하고 덜 하느냐가 바로 영업력일 텐데, 결국 이런 협상을 하기 전에 평소 얼마나 신용을 잘 쌓아두었느냐가 매우 중요하다. 즉, 평소에 잘해야 한다. 무역에서는 잘잘못을 따질 경계가 명확하지 않은 경우가 많기 때문에 항상 바이어와 신뢰를 구축해 놓아야 한다는 점을 명심하자! 특히 대화를 통해 문제를 풀어야 하는 경우가 많기 때문에 무역회사에서 직원을 뽑을 때는 영어 능력뿐 아니라 커뮤니케이션 능력도 중요하게 본다.

수량, 품질 등 많은 클레임이 잘잘못을 따지기 어렵고 애매해 항상 분쟁의 씨앗을 품고 있다. 클레임이 발생했을 때는 어떻게 대처해야 할까? 일단 수출자가 잘못을 인정하고 배상하는 데에는 금전적 방식과 대물 방식이 있다.

✔ 금전적 방식

금전적 방식은 크레딧 노트(Credit note)와 데빗 노트(Debit note)로 처리하는 것이 일반적이다. 차감할 금액을 수출자가 적어 바이어에게 전달하는 것이 '크레딧 노트', 바이어가 받아야 할 금액을 적어 수출자에게 전달하는 것이 '데빗 노트'다. 신뢰가 중요한 만큼 둘 중 하나만 사용하는 경우도 많다. 클레임 금액을 T/T 방식으로 따로 해외 송금하는 경우는 매우 드물며, 대부분 다음 계약에서 차감하는 업무적 프로세스를 택한다.

✔ 대물 방식

대물 방식은 RMA 방식으로 처리하는 것이 일반적이다. 수량, 또는 품질 부족이 발생했을 때 바이어가 금전적 보상을 원하시 않고 상품을 원하는 경우, 매번 클레임이 발생힐 때 DHL나 FEDEX 같은 특송으로 대응하는 것이 쉽지 않을 때 사용한다.

이는 미리 완제품 또는 부속품을 미리 선적해 놓거나 메인 오더에서 같이 여분으로 출고하기 때문에 클레임에 따른 대물 처리 방식이 확정되면 그 완제품 또는 그 부속품을 쓰는 것이다. 비용과 시간적인 면에서 효율적이기 때문에 수출자는 미리 생산 라인의 불량률을 고려해 진행하게 된다.

✧ 가장 흔한 무역 사기 유형은?

잘나가다가도 한 번의 클레임으로 사경을 헤매기도 하는 것이 무역이다. 무역 사기 역시 한번 제대로 당하면 망할 수도 있다. 정부 기관 또는 지자체에서 언급하는 무역 사기 이야기들은 마치 먼 나라 이야기처럼 들려 실감이 잘 안 나기도 한다. '설마?'라고 생각하게 되기 때문이다. 그렇다면 L/C, T/T, P/I, P/O, Copy 부분과 관련한 대표적인 사기와 분쟁 유형을 하나하나 살펴보자.

✔ 처음부터 빅 바이어로 접근하는 경우

"한 달에 몇 컨테이너 오더를 소화한다.", "이번에는 10만 개를 하려 한다." 등 엄청난 수량으로 접근하는 경우다. 제품의 자세한 정보를 캐묻는 경우도 많은데 일종의 스파이다. 무역 조건보다는 제품 스펙에 관심이 많다거나 알바생을 뽑아 제품 정보를 캐거나 샘플 확보 후 카피하는 업체들도 있다.

✔ 이메일을 해킹하는 경우

수출 회사라 할지라도 원자재를 수입하는 경우도 많다. 이는 원자재 업체에 송금하려는데 은행 계좌가 갑자기 변경되는 경우다. 최근 가장 빈번한 사기 중 하나로, 거래 업체 간 주고받는 이메일을 오랫동안 지켜보다가 계좌번호를 변경해 대금을 가로채는 수법이다. 그러므로 무조건 송금할 때는 계좌를 재확인하는 습관을 들여야 한다.

✔ 작은 오더로 시작해 금액이 커지는 경우

대기업이면 모를까 중소기업은 항상 자금에 목마르다. 만약 바이어가 처음부터 착실하게 소액 오더를 잘 지켜준다면 상당한 신뢰가 쌓인다. 처음에는 소량 샘플 오더를 지속적으로 진행하다가 갑자기 수량을 높이면서 여러 사정을 들어 여신을 해달라는 경우도 있고, 계약 시 20%, 도착 전 80%로 해놓고 도착을 해도 차일피일 미루며 수출자가 물건을 Ship back하기 곤란한 것을 이용해 여신을 달라는 사례도 있다. 결과는 대부분 여신을 주고 못 돌려받는 경우가 많기 때문에 주의해야 한다.

✔ 계약에 없는 중도금 요구

수입 시 종종 발생한다. 특히 소호 무역처럼 중국, 동남아에서 소량으로 수입하는 경우 자주 발생한다. 선급금을 보냈는데 계약에 없던 중도금을 요구하는 경우다. 중도금이 없으면 출고를 안 하겠다는 반협박 조도 있고, 잔금을 미리 안 주면 오더를 파기한다고 하는 경우도 있다. 한마디로 요청 금액을 일부라도 받은 뒤 바로 태도가 돌변하는 경우다.

✔ P/I, P/O에 사인이 없는 경우

이는 사기보다 업무상 실수에 가까운 사례지만, 빈번하게 일어난다. 수출업체가 무역 협상을 다 마치고 바이어에게 발행한 뒤, 수출자가 바이어가 급하다는 이유로 바이어의 사인 및 선급금 없이 먼저 생산을 시작하는 경우다. 추후 선급금을 요구했더니 아직 보류 상태라는 답변을 받는 것이다. 이럴 때는 이미 물건을 만들었기 때문에 갑과 을이 완전히 뒤바뀐다.

✔ 컨테이너에 쓰레기를 넣는 경우

잘 알 듯 L/C는 네고 서류만 갖춰지면 바로 무역 대금이 집행된다. 그런데, 막상 수입 컨테이너를 열어보니 오더 제품과 다른 경우다. 고의적으로 다른 걸 넣은 것이다. 이는 중고 거래 사이트에서 택배를 받았는데 쓰레기가 온 경우와 같다.

✧ 가짜 바이어 vs 진짜 바이어 구별법은?

제조업을 기반으로 하는 초보 수출 기업과 경험이 부족한 창업 업체를 대상으로 노리는 가짜 바이어가 많다. 사실 판을 친다.

가짜와 진짜 바이어가 말하는 태도를 보면, 가짜 바이어들은 첫 오더 수량 부분부터 컨테이너 이야기를 시작으로 막연하게 부풀려 말하는 경향이 있고, 진짜 바이어들은 수량별 가격, 샘플 가능 수량, 납기처럼 아주 상세한 부분을 물어본다. 가짜 바이어들이 처음부터 "가격이 싸다, 비싸다"를 언급할 때, 진짜 바이어들은 처음부터 가격 네고를 절대 하지 않는다. 또, 가짜 바이어들은 해외 유통망, 대기업과의 파트너 관계, 시장 점유율을 상당히 부풀려 이야기하지만, 진짜 바이어들은 많은 것을 오픈하지 않는다. 한 가지 더 재미있는 사실은 가짜 바이어들은 옷을 잘 차려입는 데 반해 진짜 바이어들은 대충 입는 경우도 많기 때문에 외관만으로 판단하기도 정말 어렵다는 것! 그렇다면 가짜 바이어들은 어떤 목적으로 업체에 접근하는 것일까?

✔ 카피(Copy)

수출의 경우, 제조사가 직접 하는 경우가 있고, 무역 회사에게 정식으로 위임해 간접적으로 하는 경우가 있다. 시작은 항상 온라인 마케팅과 오프라인 마케팅이다. 이때부터 가짜 바이어들에게 노출된다.

가짜 바이어들은 알바생을 고용해 소비자 행세를 하며 제품을 사거나 제품의 정보를 얻기도 하고, B2B 빅 바이어로 둔갑해 직·간접적으로 샘플을 모은다. 각종 비즈니스 상담회와 바이어 상담회에 참가해 민감한 기술적인 질문을 하는 경우도 빈번하다. 이런 가짜 바이어들은 쉽게 베낄 수 있는 디자인에 특화되어 있거나 기존 제품에 아이디어적 기능을 추가한 제품군에 많다. 쉽게 베낄 수 있는 제품에 집중하는 것이다.

가끔 "특허와 디자인 등록이 되어 있으니 안심해도 되지 않나요?"라고 묻기도 하는데, 실상은 그렇지 않다.

✔ 지역 독점권

가짜 바이어들은 전시회 같은 오프라인 행사에도 자주 방문한다. 이런 오프라인 만남에서 진짜와 가짜를 구별하기 정말 어려운 이유는 진짜 바이어들 또한 해외 수출을 위한 제품을 소싱하기 위해 방문하기 때문이다.

가짜 바이어들은 절대 스스로 브로커라고 말하지 않는다. 브로커에게는 독점권을 주지 않는 것이 보편적인 룰이기 때문에 진짜 바이어 행세를 하며 제조사로부터 해당 지역 독점권 또는 영업권을 확보해 바이어를 찾지만, 잘 팔릴 것 같을 때는 카피(Copy)하기도 한다.

바이어를 찾는다는 이유로 다양한 요구와 지원을 요청하기도 하고, 그 기간에 제조사가 다른 바이어를 찾지 못하게 묶어 놓는 것이 기본 수법이다. 이런 브로커들은 대부분 전시회나 온라인을 돌아다니면서 괜찮은 제품을 독점권으로 묶어 놓고 해외 업체에 제안을 넣는 경우가 많다. 결과가 좋으면 좋겠지만, 대부분은 결과가 좋지 않다는 불편한 진실!

✔ 사 기

가짜 바이어의 또 다른 형태로 무역 컨설턴트와 멘토를 가장하는 경우가 있다. 공신력 있는 기관 또는 단체와 인연을 맺은 다음, 그 인연을 바탕으로 멘토가 좌지우지하는 형태인데, 제조사가 뭘 잘 모른다는 이유로 다양하게 뒤통수를 친다.

이런 가짜 바이어들의 공통점이라면 공짜로 쉽게 해먹겠다는 것!

- ➡ 끊임없이 제품에 대해 칭찬하고,
- ➡ 끊임없이 자신에 대해 자랑하고,
- ➡ 끊임없이 영업에 불필요한 제품의 비밀을 캔다.

이러한 가짜들의 공통점으로 수출자와 제조사가 듣고 싶은 말만 골라서 말한다는 것이 불편한 진실! 수출업을 하면 가짜 바이어는 꼭 만날 수밖에 없기 때문에 해외 영업 시에는 특히 조심해야 한다.

무역 대금은 크게 T/T와 L/C 방식으로 나뉜다는 것은 이제 모두 알 것이다. L/C는 선적 후 은행에서 네고를 하면 끝이지만, T/T는 선급금이 있다는 것은 장점이나 잔금에 대한 불안감이 단점으로 작용한다. 협상 시, 갑과 을을 따져봐야겠지만 소규모로 무역을 한다고 하면 대부분 현장에서 100% 현금 지급을 하거나 공장 출고 전 100% 무역 대금을 지불한다. P/I와 P/O를 통해 무역 계약을 하면 수출자에게는 납기의 의무, 바이어에게는 무역 대금 지급의 의무가 생기지만, 지급이 제때 이루어지지 않는다거나 T/T 잔금을 처리해 주지 않는 문제의 대비법도 생각해 볼 필요가 있다. 대금 지급 불이행에는 일반적으로 다음의 3가지 방식으로 접근한다.

① 계약 파기

당연히 해도 된다. 단, 원자재도 확보하지 않았고, 물건을 생산하기도 전일 때, 즉, 이런저런 손실이 전혀 없을 때의 옵션이다. 어떻게 보면 거의 현실성이 없는 경우가 많다. 일단 P/I와 P/O가 작성되면 최소한 원자재 확보를 시작하기 때문이다. 그리고 그 금액이 선급금보다 많은 경우가 대부분이다.

② B/L 안 넘겨주고 Ship back하기

한마디로 돈을 안 받았으니 물건을 안 주겠다는 뜻이다. 간단해 보이지만, B/L 이야기가 나오는 상황이면 이미 배가 공해에 둥둥 떠다닌다는 뜻으로 의외로 복잡하다.

배가 도착해서 일정 시간이 지나면 체선료(Demurrage charge)를 비롯한 추가 비용이 발생한다. Ship back도 고민하지만, Ship back 비용이 발생하는 것을 넘어 물건 처분에 대해 더 큰 고민을 해야 한다. 특히 OEM 제품일 경우에는 더욱 골치 아프다. 수출(무역)하는 사람들이 흔히 하는 말이 있다.

"무역 대금 리스크를 최소화할 수 있는 시기로는 공장 출고 전이 가장 좋고, 배 뜨기 전이 두 번째, 배가 도착하기 전이 세 번째다."

그래서 T/T 조건에서 선급금과 잔금 시기를 이 기준으로 정하는 경우가 많다.

③ 국제 소송

당연히 소송도 걸 수 있다! 그러나 과연 현실적인 방법일까? 국내에서도 포워더, 공장, 물류 업체, 원자재 업체와 문제가 생기기도 하고, 클레임이 발생하기도 하지만, 법으로만 해결하긴 어렵다.

국내에서 일어나는 상황도 순수하게 법으로 해결하기 어려운데, 해외와 관련되어 있다면 더욱 어렵다. 받지 못한 무역 대금과 체선료를를 비롯한 기타 예상 손실 비용을 소송에 드는 비용과 비교해 보지 않을 수도 없다. 여기에 정신적, 육체적 스트레스는 덤이다. 해결되기까지 시간도 낭연히 오래 걸린다. 결국, 무역에서의 핵심은 무역 대금을 어떻게 안전하게 다 받아내느냐 임을 명심해야 한다.

Chapter 3

무역 창업

Part 01

창업의 종류와 특징 _____

✧ 소호 무역 창업 시, 가장 먼저 고민해야 할 것들

국내 제품, 혹은 외국에서 좋은 제품을 수입해서 국내에서 판매를 시도하는 업체가 늘고 있다. '소호 무역 창업! 수입 창업! 오픈마켓 창업!' 모두 비슷한 말이다. 남녀노소, 초보자와 경력자를 떠나 창업은 언제나 새로운 시작이기 때문에 창업 전 많이 고민해야 그만큼 시행착오를 줄인다.

✔ 판매처 고민

해외로 할 것인가? 국내로 할 것인가?

소호 무역이라고 해서 '무역'이라는 단어를 쓰긴 하지만 국내외 제품을 매입해 국내에서 판매하는 형태이므로 엄밀히 말하면 무역이라고 보긴 어렵다. 그러므로 무역에 대한 이해를 높이는 것보다는 우선 국내외 온·오프라인 판매처에 대한 고민이 선행되어야 한다. 판매처를 해외로 생각한다면 글로벌 오픈마켓을 공부해야 하고, 국내로 생각한다면 국내 오픈마켓과 쇼핑몰을 연구해야 한다.

✔ 아이템 소싱

국내 제품을 매입할 것인가? 해외 제품을 수입할 것인가?

모두 장단점은 존재한다. 국내 제품은 단가가 비싸지만 한국어로 대응이 가능하기 때문에 불량 교환, 가격 네고, 수량 조정, 스펙 조정 등이 쉽게 가능하고, 상대적으로 소통이 어려운 해외 제품은 그 반대다. 수량·대비 단가로 인해 해외 공장과 직접 거래하는 경우도 있는 만큼, 어느 경우든 리스크(risk)는 존재한다.

✔ 제품 수정 보완에 대한 고민

내 제품이 아니고 매입하는 제품을 단순 유통하는 방식이라면 어떨까? 시장에서 요구하는 스펙 변경, 가격 조정, 수량 대응이 쉽지 않아 악성 재고 상황에 처할 수도 있기 때문에 소싱처를 고민할 때는 어느 정도까지 나의 입맛대로 움직일 수 있는 곳인지를 꼭 확인해야 한다.

✔ 자금 회전 부분

판매처에서 판매금이 입금되는 시간과 소싱처에 물건 대금을 지불하는 시기도 고민해야 한다. 아무리 좋은 조건이라도 자금 회전이 어려우면 회사에 위기가 찾아오기 때문이다.

✔ 공장과 판매처 사이에서의 샌드위치 포지션

판매자는 공장과 판매처 사이에 있는 만큼, 정보 보안이 중요하다. 좋은 게 좋은 거라고 경기가 좋을 때는 안 좋은 것도 좋아 보이지만, 공장이 언제라도 직접 판매처에 뛰어들 수 있고, 그렇게 됐을 때 가격, 수량, 이벤트 싸움에서 질 수밖에 없는 구조라는 것은 명심해야 한다.

✔ 카피(Copy, 복제품)에 대한 대응

세상에서 가장 쉬운 일이 남의 것을 베끼는 일이다. 욕심나는 물건이 있다면 누구나 법이 허용하는 한도에서는 최대한 베끼려고 한다. 법망을 피해 가며 카피만 전문으로 하는 업체도 있을 정도이니 말이다.

글로벌 오픈마켓을 비롯한 해외로 판매 루트를 정했다면 해외 경쟁업체들이 카피할 가능성이 높고, 국내 시장에서 잘나가면 국내 경쟁업체의 카피 위험에 노출되는 것은 각오해야 한다.

✔ 브랜드에 대한 고민

최근에는 브랜드성에 대한 인식이 강해져서 브랜드를 붙여 상표권을 등록하는 업체들이 늘고 있다. 애써 고생해 만든 제품에 나만의 브랜드를 달아 미래 비즈니스에 투자하는 것이다. 물론 모든 제품을 다 그렇게 진행하기에는 가격적인 부담이 크다. 그래서 주력 제품만 선별하고, 그 외의 제품은 그냥 제조사 브랜드를 가져다 사용하는 경우도 있는 만큼 가성비를 고민할 필요가 있다.

✔ 창업 자금에 대한 고민

가장 중요한 사항이다. 직장생활과는 다르게 창업을 하면 그 순간부터 바로 돈이 빠져나간다. 개발자 출신의 경우, 제품 개발이나 소싱 제품에 과하게 투자하는 경향이 있으므로 자금 계획을 꼼꼼히 세워야 한다.

사무실을 비롯한 인프라에 대한 고민, 동업에 대한 고민, 자금 운영에 대한 계획과 고민은 많이 할수록 시행착오를 줄이게 한다.

◈ 무역 창업 아이템 소싱 시, 꼭 염두에 두어야 할 것은?

무역 창업을 하거나, 국내 또는 글로벌 오픈마켓 창업을 할 때, 가장 먼저 고민하는 것이 '아이템 소싱'이다. 이에 관해 많은 경험담과 이론이 존재하지만 가장 기본이 되어야 하는 요소는 분명히 있다.

✔ 내가 전문가

무엇보다 본인이 가장 잘 아는 품목이어야 한다. 과거 직장생활 및 사회생활 경험도 당연히 도움이 된다. 만약 엔지니어 출신이라든가 어떤 특정 분야의 전문가라면 그와 관련된 제품을 소싱하는 것이 효과적이다. 예를 들면, 자동차 부품, 조립 PC, 여성 액세서리 디자인 등등이다. 그렇게 선택할 때, 남과는 분명히 다른 차별성이 발생한다. 그 차별성이 곧 경쟁력이다.

✔ 안정적 공급

국내 제품으로 진행하는 것과 수입 제품으로 진행하는 것에도 분명한 차이가 있다. 국내 제품이 가격은 비싸더라도 공급 측면에서 안정성을 갖는 반면, 수입 제품은 그 반대다. 특히 중국 같은 경우, 설날과 추석, 국경일에는 출고가 지연될 수 있는 만큼 충분한 재고 확보가 필요하다. 아무리 잘나가던 제품도 한번 흐름이 끊기면 그 흐름을 복구하기가 정말 어려운 만큼 재고 관리는 필수다.

포장과 발송이 쉬워야 일하기가 수월한 것은 당연지사! 운송할 때는 어떨까? 역시 작고 가벼운 게 좋다. 이 조건은 제품을 수입할 때나 국내에서 택배를 보낼 때 모두에 해당된다. 그렇기 때문에 부피는 크지만 판매 가격이 상대적으로 낮은 아이템은 자제해 선택하는 게 좋으며, 파손이 쉬운 제품도 반품 문제로 머리가 아플 수 있으니 잘 따져봐야 한다.

소싱에 대한 정보는 많으면 많을수록 좋다. 그전에, 위의 ① 내가 잘 아는 아이템, ② 공급의 안정성, ③ 배송의 용이성, 이 3가지는 기본으로 고려해야 추후에 '아뿔싸!'라는 후회가 없다.

✧ 지금이라도 무역 창업을 시작해야 하는 이유

무역 창업의 장점은 상당히 많다. 우선 최대 장점은 혼자서도 가능하다는 것이다. 초기 자본이 적고 혼자서도 운영 가능하며, 망해도 다른 창업에 비해 물질적 피해가 작기 때문에 누구라도 도전할 수 있다. 시작과 운영, 폐업까지를 고려했을 때 다른 창업에 비해 상당히 가볍게 움직일 수 있는 창업 형태다.

- ➠ 바이어를 잡고 창업하는 소싱 내행 창업(수입 내행 창업)
- ➠ 아이템을 잡고 창업하는 수출 대행 창업

무역 창업의 종류는 위의 2가지다. 여기에 수출자와 바이어를 단순 연결시켜 주는 것을 '에이전트 창업', 마진을 붙여 바이어에게 수출하는 것을 '무역 회사 창업'이라고 부른다.

무역 창업은 우리 주변에서도 쉽게 볼 수 있는데, 해외에서 누군가가 사겠다는 것을 대신 알아봐 주는 것으로 시작하는 경우도 있고, 지인이 가진 아이템을 대신 해외에 팔아주는 형태도 있다. 누구나 한 번쯤 접할 기회가 있음 직하다.

그렇다면 쉽게 접할 수 있음에도 무역 창업을 주저하는 이유는 무엇일까?

가장 큰 이유는 정보의 부재다. 다른 창업에 비해 무역 창업과 관련된 정보는 얻기가 정말 어렵다. 얻더라도 아주 특별한 상황에서의 성공 사례거나 객관적 시각보다는 주관적 시각으로 가득한 정보가 많다. 무역을 처음 접한 이들은 무역 실무에 상당한 부담을 느끼고, 무역 경험자는 아이템과 판로가 없어 주저한다. 아이템과 판로가 없다면 무역 창업을 해서는 안 되지만 단지 무역 실무로 주저한다면 그런 부담은 절대 가질 필요가 없다. 초반에 핵심만 뽑아서 공부하고 나머지는 일을 진행하면서 포워더, 관세사, 운송사, 세무사 등 담당 실무진에게서 배우면 된다.

1인 무역 창업 생태계를 보면 점점 혼자서도 일하기 가능한 시스템이 잘 구축되고 있고, 내가 어떻게 하느냐에 따라 결과가 달라지기 때문에 전적으로 나의 능력에 달렸다고 볼 수 있다. 예를 들어 B2B가 아닌 B2C 글로벌 오픈마켓만 보더라도, 충분히 빅바이어를 잡아 B2B 전환이 가능하다. 바이어 또한 소비자로서 충분히 가격적인 면이나 품질 면을 검토한 후 연락할 수 있기 때문에 오픈마켓 경험이 있는 창업자들은 경험을 살려 글로벌 오픈마켓을 운영하면서 해외의 빅 바이어를 잡으려고 한다.

  종합적으로 보면, 무역 창업은 다른 창업에 비해 단점보다는 장점이 많다. 그러므로 취업과 이직은 점점 어려워지고 퇴사 시기는 점점 빨라지는 요즘 끝이 보이는 취업 시장에 계속 도전하는 것보다는 블루오션인 무역 창업을 한번 고려해 보는 것도 좋다.

◇ 혼자 하는 1인 무역 창업의 종류

  ① 수입(소싱) 대행 에이전트 창업

  ② 매입·매출을 통한 직접 수출 창업

  ③ 수출(판로) 대행 에이전트 창업

  ④ 매입·매출을 통한 수입 창업(소호 무역)

  이 중 ④ 매입·매출을 통한 수입 창업의 경우, 소호 무역 창업으로 무역 창업이라고 보는 것보다는 오픈마켓 창업에 더 가깝다. 그렇기 때문에 여기서는 ① 수입 대행 에이전트, ② 직접 수출, ③ 수출 대행 에이전트 창업에 대해서만 알아보겠다.

① 수입(소싱) 대행 에이전트 창업

수입(소싱) 에이전트 창업은 해외에 있는 업체가 한국에 있는 제품을 소싱 하고자 할 때 직접 하면 시간과 비용이 들기 때문에 에이전트가 대신 소싱 작업을 돕는 일이다. 어떻게 보면, 바잉 오피스(Buying office) 개념과 비슷하다.

먼저 바이어를 세팅하고 제조사를 고르는 작업을 하기 때문에 첫 시작점은 당연히 확실한 바이어의 존재 여부다. 수수료는 건당이나 총금액으로 계산하는 경우가 있으며, 업무 범위는 소개로만 끝나는 경우도 있지만, 출고해서 입고까지 개입하는 경우도 있다. 자금 흐름 영역도 중간 에이전트를 거쳐 가게 하는 경우와 아닌 경우가 있기 때문에 초기 계약을 어떻게 바이어와 하느냐에 따라 경우의 수가 다양해진다. 즉, ① 수입(소싱) 에이전트 창업은 바이어에 무게를 둔 중간자 입장의 창업이라서 업무를 수행하기에는 상대적으로 수월하지만, 샌드위치 입장이기 때문에 향후 문제가 발생될 소지가 있다. 수출자와 바이어 간의 직거래가 가능하기에 이 부분을 어떻게 관리할지 사전에 고민해야 하고, 독점권 여부 또한 중요하게 작용한다.

② 매입·매출을 통한 직접 수출 창업

직접 수출 창업은 제조를 하는 경우도 있지만 처음에는 물건을 매입해서 해외에 판매하는 형식이 대부분이다. 국내 또는 해외 제품을 매입해 해외에 파는 것을 근간으로 하고, 국내에서는 세금계산서 거래를 하게 된다. 매입에 따른 재고 관리와 창고 운영, 자금에 대한 부담이 크기 때문에 확실한 판로가 정해지지 않을 경우 상당한 위험 요소를 안을 수 있고, 내 물건이 아니기 때문에 제조사로부터 언제든 견제가 들어올 수 있다.

잘되면 잘되는 대로 제조사가 직접 판매로 개입할 수 있고, 안 되면 안 되는 대로 영업권을 빼앗길 수 있기 때문에 애써 고생해 남 좋은 일을 시키는 경우가 생길 수 있어 분쟁의 소지가 분명히 있다.

③ 수출(판로) 대행 에이전트 창업

수출 대행 에이전트 창업은 말 그대로 제품만 있는 공장 또는 해외 영업력이 부족한 제조사의 수출 업무를 대신 수행해 주는 것이다. 해외 제품에 대한 시장 조사, 바이어 찾기, 마케팅 등의 업무를 대행하는 것이 핵심이다. 한마디로 의뢰 업체가 원하는 해외 관련 업무를 다 한다고 보면 된다.

주로 무역팀을 따로 두기 힘든 소규모 업체가 전문 인력을 고용하는 형태로, 건당 계산하거나 금액에 따라 계산할 수도 있으며 월별로 계산할 수도 있다. 또, 사무실을 같이 쓰는 경우도 있고, 프리랜서처럼 활동하는 경우도 있다.

◇ 혼자 하는 청년 무역 창업의 종류

창업자 중에서도 청년 창업자가 혼자 할 수 있는 현실적인 무역 창업에는 어떤 것이 있을까? 우선 청년 창업의 장점으로는 다양한 지원사업을 들 수 있다. 정부와 지자체에서 제공하는 각종 혜택은 인큐 오피스와 자금으로 대표되는 초기 창업 지원사업, 각종 컨설팅으로 대표되는 운영사업으로 크게 나누어진다. 그런데, '청년 무역 창업'에는 혜택이 별로 없는 것이 안타까운 현실이다. 그렇다면 청년 무역 창업은 어떤 형태가 효율적일까?

① 수출자 입장에서 수출 대행을 해주는 수출 에이전트(대행) 창업
② 수입자 입장에서 수입 대행을 해주는 수입 에이전트(대행) 창업
③ 물건을 사서 해외에 파는 일반 무역 창업(B2B)
④ 물건을 사서 해외에 파는 글로벌 오픈마켓 창업(B2C)
⑤ 물건을 사서 국내에 파는 오픈마켓 창업(B2C)

에이전트 창업의 공통점은 사업 자체가 가볍기 때문에 혼자서도 운영이 가능하지만, 매입·매출 창업은 본인이 직접 구매해 판매하는 형태기 때문에 사업 자체가 무겁고 자금과 경험이 필요해 청년 창업자가 혼자 운영하기에는 무리가 있다. 그러므로 여기서는 수입 에이전트 창업과 수출 에이전트 창업에 관해 좀 더 알아보려 한다.

수입 에이전트 창업은 바이어 입장에서 제품을 소싱하는 창업이기 때문에 가장 중요한 것은 확실한 바이어다. 이는 특히 한국에 있는 외국인 유학생들이 많이 하는 창업이기도 하다. 바이어

가 정해진 경우에 시작하면 시스템적으로는 가장 쉽게 현실적으로 수익을 낼 수 있는 구조지만, 에이전트의 특성상 청년 창업자의 마인드와 사회적 경험, 대인 관계 능력이 성과의 큰 부분을 차지한다.

수출 에이전트 창업은 아이템은 있지만, 수출팀을 따로 꾸리기 어려울 정도의 소규모 공장과 손을 잡는 경우다. 공장을 먼저 세팅해야 하기 때문에 아이템 선별 능력과 공장과의 관계 설정이 상당히 중요하다.

청년 창업자와 공장 사이의 갈등은 의외로 잦기 때문에 계약서를 통해 아이템, 지역, 기간, 공장의 역할과 대행업체의 업무 영역을 포괄적으로 확정해야 하지만, 잘되면 잘되는 대로 안 되면 안 되는 대로 남 좋은 일 시키고 손 떼는 경우도 많다.

◇ 소호 무역 창업에서 바라보는 최고의 아이템은?

소호 무역 창업에 관심이 있는가? 무역이라고는 하지만, 대부분 해외에서 수입해 국내 오픈마켓, 또는 온라인에 파는 형식이 많다. 그러므로 말했듯 무역 지식보다는 아이템과 판로가 중요하고 그중에서 최근에는 글로벌 오픈마켓을 통한 수출도 많이 하는 만큼 아이템 선성에 신중해야 한다.

아이템의 기본 조건은 '싸고 좋은 것!', '나만의 아이템!', '변동성 없고 꾸준한 공급이 가능한 아이템!', '재고 부담이 덜한 아이템!'

이다. 여기서 모든 것이 시작된다. 그런데 '싸고 좋은 아이템'이라고 표현은 해도 세상에 그런 것은 있기 힘들다. 무조건 싸다고 잘 팔리는 것도 아니며, 비싸다고 팔 수 없는 것도 아니다. 각각에 따른 시장이 있기 때문에 타깃팅을 어떻게 하느냐가 관건이다.

'나만의 아이템'이 중요한 이유는 기존 제품에 대한 변별성을 줌으로써 부가가치를 높이는 것이 사업의 성패를 결정짓기 때문이다. '변동성 없고 꾸준한 공급이 가능한 아이템'이 필요한 이유는 당연히 재고 관리 문제 때문이다. 아무리 잘 팔리는 제품이라도 공급에 차질이 생기면 손실이 크다. 특히 중국 제품의 경우 명절을 잘 대비해야 한다. '재고 부담이 덜한 아이템'이 중요한 이유는 무역에서는 창고가 기본적으로 필요하기 때문이다. 의외로 비용이 많이 발생하는 부분이다. 즉, 적정 재고 관리가 회사의 수익으로 연결될 수 있다는 사실을 기억하자!

✔ 아이템 선정은 어디서부터 시작되는가?

① 창업자가 직접 경험해 본 분야의 아이템
② 창업자가 관심을 가지고 즐길 수 있는 분야의 아이템
③ 지인이 도와줄 수 있는 분야의 아이템
④ 주관적, 객관적인 전망이 좋은 아이템
⑤ 비교적 소싱이 쉬운 아이템

한마디로 소싱하기 쉽고, 내가 잘 아는 분야의 아이템이며, 꾸준히 포기하지 않고 즐기면서, 때로는 지인에게 도움도 요청할 수 있는, 나 혼자만의 아이템이 아닌 객관적인 평가도 좋은 아이템을 선정하면 된다.

✔ 아이템 정보는 어디에서 얻을까?

① 직장 동료 또는 주변 창업자
② 창업 컨설턴트, 정부 기관 교육 프로그램, 온라인 & 오프라인 강좌
③ 무역 창업과 아이템에 대한 전문서적
④ 블로그, 카페, 협회, 모임들을 통한 정보
⑤ 해외 투어 또는 전시회 방문을 통한 정보

✔ 아이템 확정 전 꼭 체크해야 할 부분은?

① 복잡하지 않고, 특별한 매뉴얼 없이도 이해 가능한 아이템
② 보편적으로 누구에게나 다가갈 수 있는 아이템
③ 불량이 적고 AS 또는 반품이 적은 아이템
④ 부피와 무게가 작아 운송하기 편한 아이템

다시 말하면, 남녀노소 누구나 간단히 사용하기 편하며, 불량에 민감하지 않은 작고 가벼운 아이템이 좋겠다.

무역 창업을 하려면 B2B, B2C, 수입업, 수출업을 나누어서 고민할 것이다.

수입 B2C는 국내 오픈마켓을 판로로 정하고, 수출 B2C는 글로벌 오픈마켓을 판로로 정하는 소호 무역 창업이다.

B2C의 최대 약점은, 큰돈을 투입해서 조금씩 수익을 내는 구조이기 때문에 성장이 더디다는 것이다. 그래서 중간에 많이 포기하기도 한다. B2C와는 반대로 B2B는 큰돈을 투입해 큰 수익을 내는 구조다. 여기서 출발할 때, 수입으로 창업 시 가장 중요한 것은 판로, 수출로 창업 시 가장 중요한 것은 그 판로를 위한 시간이다!

당연히 창업을 하려면 돈이 우선 필요하지만, 판로와 시간은 돈으로는 절대 마련할 수 없다. 한번 알아보자.

수입하려면 아이템, 물류 쪽은 당연히 외부의 도움을 받을 수 있다. 그러나 판로는 어떻게 할 것인가? 국내 오픈마켓에 판다? 말이 쉽지, 정말 어렵다. "누구나 제품을 올릴 수는 있지만, 모든 제품이 팔리지는 않는다."라는 이야기가 많다. B2B로 도매업체와 손을 잡는다? 이 또한 쉽지는 않다. 수출은 어떨까?

수출도 당연히 판로가 중요하다. 그러나 그 판로를 열기 위한 시간이 무엇보다 필요하다. 단순히 온라인 사이트를 뒤적이는 것만으로는 충분하지 않다. 수출에 시간이 많이 드는 이유는 무역에서는 신뢰가 가장 중요한데 그 신뢰 구축에 시간이 많이 필요하기 때문이다. 그렇다면 왜 신뢰가 필요할까? 바이어가 아무에게나 T/T를 보내지 않기 때문이다. 그렇기 때문에 이 문제를 해결하려면 꾸준한 전시회와 비즈니스 미팅을 통해 제품과 회사에 대한 신뢰를 업그레이드해야 한다.

✧ 제조업(아이디어) 창업 vs 무역 창업, 장단점 비교

제조업 창업은 '아이디어 창업'이라고도 하는데 아이디어만 있다면 누구나 시도할 수 있다. 제품을 직접 만들기 때문에 브랜드 작업과 양산에 따른 자금 회전, 카피 방지를 위한 특허와 실용신안을 고려해야 해 무역 창업에 비해서는 초기비용이 많지만, 그만큼 정부의 지원 프로그램이 다양하다.

사업 계획서 쓰는 방법, 제품화 방법, 샘플과 양산, 창업 자금, 마케팅과 국내외 판로와 관련된 다양한 프로그램을 정부 또는 지자체에서 실행하고 있기 때문에 잘만 찾으면 창업자에게 상당한 도움이 된다. 반면, 무역 창업은 제조업에 비해 초기 세팅비용은 적지만, 이러한 정부의 지원 프로그램과는 거리가 멀다.

그렇다면 제조업과 무역 창업의 판로에 대해서도 한번 알아보자. 제조업의 판로는 우선 국내로부터 시작된다. B2C로 대표되는 오픈마켓이 아닌 B2B로 진행하게 되고, 제품이 하나이기 때문에 직접 오픈마켓에 뛰어들지는 않지만, 온라인 판권, 오프라인 판권, 해외 판권처럼 덩어리로 나누어 영업하기도 하고 직접 쇼핑몰을 운영하기도 한다.

시장 가격이 깨지지 않게 잘 운영하는 게 핵심이지만 쉽지는 않다. 카피(Copy)와의 전쟁도 해야 하고, 국내 또는 해외 에이전트와 상담도 많이 하지만 그만큼 사기꾼도 많다. 여러 제안서를 유통 전문 카페와 블로그에 올리기도 하지만, 매출로 연결하는 것도 쉽지 않다. 즉, 국내 시장만으로는 절대 살아남기 어렵기 때문에 제조할 때부터 수출을 고려하게 된다.

정부 또는 지자체에서 주관하는 다양한 해외 전시회, 바이어 상담회, 비즈니스 상담회와 같은 이벤트에 참여할 수 있고, 해외 마케팅 사업, 바우처 사업 같은 다양한 사업은 무역이 생소한 제조업 창업자들에게는 큰 도움이 된다. 반대로 무역 창업의 경우에는 내 제품이 없기 때문에 다양한 이벤트와 지원사업에 참여하기가 까다롭다.

만약, 무역 창업이라고 하지만 오픈마켓을 생각한다면, 어떤 나라에서 어떤 제품을 어떻게 수입할 것인가에 대한 프로세스와 테크닉보다는 국내 오픈마켓에 팔 것인가 글로벌 오픈마켓에 팔 것인가, 쇼핑몰을 오픈할 것인가 오프라인 입점을 할 것인가에 대한 고민! 즉 판로를 정해야 하고, 그 오픈마켓에서 제시할 제품의 가격 경쟁력, 제품 소싱, 재고 관리, 공장 컨트롤, 카피에 대한 대응과 자금 회전에 관해 고민해야 한다.

결론은 제조업으로 하든 무역으로 하든 내가 할 일, 포워더가 할 일, 관세사가 할 일, 세무사가 할 일이 나누어지는데 1인 창업 시 반드시 명심해야 할 부분은 내가 할 일만 제대로 하고 나머지는 전문가에게 맡겨야 한다는 것! 처음부터 끝까지 혼자 다 하려고 하는 것은 패망의 지름길이다. 한정된 시간과 자원 내에서 최대의 효과를 내기 위한 업무 및 시간 관리는 창업에서 매우 중요한 요소다.

✧ 무역 창업의 순서 A to Z

무역 창업을 하는 경우는 크게 무역 관련 일을 해본 사람이 창업하는 경우와 아닌 경우로 나눌 수 있다.

- 소자본 창업이 가능하다더라
- 아이템만 잘 잡으면 된다더라
- 부업으로 할 수 있다더라

이런 이야기는 많이 들어봤지만, 막상 시작하려고 하면 무엇부터 해야 할지 막막하다. 우선 사업자를 내기 전에 창업 형태를 정해야 하는데, 무역 창업의 종류는 말했듯 2가지로 '에이전트 창입'과 '매입·매출 칭업'이다.

에이전트 창업은 다시 바이어 입장에서 소싱해 주는 소싱 에이전트 창업(수입 대행 창업)과 수출을 대행해 주는 수출 에이전트 창업으로 나누어지고 매입·매출 창업은 우리가 흔히 아는 무역 전문 회사로 이해하면 된다. 무역 전문 회사는 커미션 베이스인 에이전트 업무에 매입·매출을 더한다고 보면 된다.

① 사업자 등록

창업 형태를 결정한 후, 가장 먼저 해야 할 것은 회사 이름을 만드는 것과 직인 명판 제작이다.

상호명의 경우, 한 번 정하면 웹사이트(홈페이지)와 이메일에도 영향을 주는 만큼 신중해야 한다. 사업자 등록증은 관할 세무서에서 신청하면 되는데, 사업자 등록증에는 사업장 주소가 꼭 필요하기 때문에 사무실 계약부터 해야 한다. 사무실은 크게 공동 사무실(소호 사무실)과 개인 사무실로 나누어진다. 각각의 장단점이 있는 만큼 자신의 비즈니스에 적합한 사무실을 택한다. 특히, 정부 지원사업인 '인큐 오피스'에는 혜택이 많아 관심을 가질 필요가 있다.

② 통관 고유 부호와 무역업 고유 번호

통관 고유 부호는 수출 신고필증에 들어가는 번호로서 관세청에 신청 및 등록해야 하고, 수출을 처음 할 때 관세사를 통해서 대리로 신청해도 된다.

무역업 고유 번호는 한국 무역협회에서 발행하고, 회비를 내야 하기 때문에 어떤 혜택이 있는지 꼼꼼히 살펴봐야 한다.

③ 세무사와 포워더 선정

사업자 등록증처럼 바로 진행할 필요는 없지만, 부가세 신고 기간에는 금액이 크든 작든 보통 세무사를 통해 신고를 하게 된 다(본인 진행도 가능). 세무사 수수료는 거의 비슷하기 때문에 비슷 한 분야의 비즈니스를 많이 다뤄본 곳이 좋다.

포워더는 FOB 조건일 경우에는 바이어가 지정할 것이고, CIF 는 직접 지정한다. 포워더가 '트럭킹'이라는 내륙 운송과 관세사 업무를 대행하는 만큼 포워더에게 일임하면 편하고, 건마다 견적 을 받아서 진행하는 경우도 있지만, 한 업체에게 꾸준히 맡기는 경우도 있다.

④ 특송 업체 선정

우리가 흔히 아는 DHL, FEDEX, EMS가 특송 업체다. DHL, FEDEX, EMS를 모두 다루는 전문 업체가 있고 할인율도 다르다.

또한, 해외 나라마다 해외 택배처럼 전문 운송 업체가 있는 만 큼, 비교 견적을 통해 소량 또는 샘플을 보낼 때 연락하면 된다.

⑤ 통장 개설, 홈페이지와 이메일 만들기

회사 이름이 정해지면 국내 통장과 외환 통장을 만들어야 하 고, 홈페이지를 위한 도메인과 이메일을 만들어야 한다. 비용이 드는 만큼 블로그로 홈페이지를 대체하는 경우도 있고, 이메일 을 구글, 네이버, 다음 메일로 사용하는 경우노 있다.

여기까지가 사업을 시작하기 위한 기본 세팅이다.

판로가 정해진 상태에서 국내 제품을 소싱하는 경우에는, 국내 전시회를 자주 방문하거나 온·오프라인의 핫한 제품을 선별하여 판매자에 연락해 가격을 받게 된다. 단, 그 업체가 해외 판권을 가지고 있는지는 꼭 확인하자.

제품을 소싱할 때는 MOQ에 따른 가격, 결제 조건, 납기를 정확히 확인해야 한다. 갑자기 가격을 올릴 수 있기 때문에 유효기간도 정해야 한다.

만약 판로가 정해지지 않는 상태라면, 해외 전시회를 잘 활용하자. 스스로 제조사가 아닌 경우라면 해외 독점권도 꼭 체크해야 한다. 이 밖에 정부 또는 기관에서 주최하는 바이어 상담회, 수출 상담회를 잘 활용해야 하고, 수출 지원 바우처 사업을 비롯한 각종 온·오프라인 마케팅 지원사업에 응시하는 것도 큰 도움이 된다.

Part 02

수출입 에이전트 체크사항 _____

✧ 바잉 오피스(수입 또는 소싱 대행) 업무 프로세스는?

바잉 오피스는 '소싱 대행' 또는 '수입 대행'이라고도 불리고, 바이어를 대신해 제품을 소싱하고 납품하는 역할을 한다. 일반적으로 바이어가 한국 업체고 중국 제품을 소싱하려고 한다면 중국에 거주하는 소싱 대행업체를 선정하고, 바이어가 외국에 있고 내가 한국에 있다면 한국 제품을 소싱하는 경우가 대부분이다. 어떤 방식이든 프로세스는 비슷하다.

국내 제품을 소싱하는 경우를 보면, 바이어와 어떻게 계약하느냐에 따라 업무의 범위가 달라지고 사업자 등록을 해서 매입·매출형식으로 납품해 마진을 가져갈 것인지, 단순히 중간 브로커 역할로 커미션을 받을 것인지에 따라서도 업무의 영역이 달라진다.

바잉 오피스의 제품 소싱부터 수출, 정산까지의 프로세스를 보자. 제품을 서칭하고 소싱할 때는 국내 전시회, 온라인 쇼핑몰과 오픈마켓, 정부 기관에 등록된 업체 리스트를 우선 보게 된다.

국내 전시회는 짧은 시간에 많은 업체를 방문할 수 있고, 부담 없이 테스트할 수 있으며, 제품에 대한 궁금증을 즉석에서 해소할 수 있다는 장점 때문에 자주 애용된다. 전시회장에서는 제품과 회사에 대한 핵심적인 부분만 물어보고 명함을 남기는 것으로도 충분하다. 그렇게 홈페이지를 방문하고 국내 쇼핑몰 내 상품평을 통해 검증의 단계를 거친다. 검증이 끝나면 제조사에 연락해 제안서를 요청한다. 가격은 자신의 창고 입고를 기준으로, 영세율 여부를 확인한다.

제안서를 통해 제품과 회사를 검증해 통과한다면 샘플을 요청하기 전에 해외 바이어에게 이번 아이템에 대해 통보해, 샘플 요청을 할 것인지 포기할 것인지를 바이어가 결정하게 한다.

당연히 바이어에게 오퍼할 때는 나의 마진도 포함돼 있어야 한다. 샘플 비용은 어떻게 처리할지, 바이어에게 제시하는 가격을 FOB로 할지 CIF로 할지에 관해서는 이미 합의가 끝나 있어야 하고, 특히 바이어로부터 무역 대금을 L/C로 받을지 T/T로 받을지도 미리 합의되어 있어야 한다. 나의 위치는 제조사와 바이어의 중간이기 때문에, 제조사와도 계약해야 하고 바이어와도 계약해야 한다는 점! 명심해야 한다. 또, 공장에 샘플을 요청할 때는 샘플비를 100% 주는 것이 깔끔하다. FEDEX, DHL, EMS 등 어떤 방식으로 샘플을 보낼 것인지도 바이어와 사전에 세팅해 놓는 게 좋다. 바이어들이 선호하는 특송이 있을 수 있기 때문이다.

샘플을 보내고 바이어가 컨펌하면 생산 오더를 내리게 되고, 대금을 지급하게 된다. 금액이 크지 않다면 오더를 내릴 때 100% 주고, 검품이 필요할 경우에는 30%를 주기도 한다. 검품 시 잔금을 지급하는 경우도 있을 정도로 협의를 어떻게 하느냐에 따른 경우의 수가 다양하다. 하나로 정해진 규칙은 없다.

출고는 현지 공장에서 바로 검품한 뒤에 하는 것이 좋다. 굳이 다른 곳으로 이동하면 운송비가 들기 때문에 바로 포워더에 연락해서 출고하는 게 여러모로 편하다. 이렇게 출고되고 바이어로부터 약속된 무역 대금이 들어오면 오더는 종료된다.

지금까지의 내용을 간단히 정리해 보면 다음과 같다.

바잉 오피스의 거래 프로세스
제품 조사 → 전시회 방문(온라인 조사) → 제안서 요청 → 바이어에게 오퍼 → 샘플 진행 → 생산 오더 → 출고 → 무역 대금 완납

에이전트 창업에는 나와 제조 공장과의 관계에서 협상할 사항이 있고, 나와 바이어의 관계에서 협상할 사항이 있다. 민감한 부분은 미리미리 정리하고, 문서로 남겨두어야 뒤탈이 없다는 점! 명심하자.

❖ 에이전트 창업! 수입 대행 창업 vs 수출 대행 창업

수입 에이전트 창업은 바이어를 세팅해 놓고 소싱하는 개념이라면, 수출 대행 창업은 수출자를 세팅해 놓고 바이어를 찾는 개념이다. 수출자와 수입자의 중간에 껴서 수익을 내는 만큼, 통칭 '브로커' 또는 '에이전트'라고 부르기도 한다. 핵심은 '수출자 입장에서의 창업인가? 바이어 입장에서의 창업인가?'다.

✔ 수입 대행 창업

바이어 입장에 서 있는 창업(수입 에이전트)의 형태를 보면, 바이어를 우선 세팅하고 공장을 찾아다니는 형식이기 때문에 '어떻게 바이어를 확보하느냐?'가 관건이다. 무역 회사에서 퇴사하면서 바이어를 물고 나오는 경우도 있고, 주변 사람들이 부탁해서 대신 제품을 찾아주는 경우도 있지만, 없다면 바이어 세팅이라는 첫 관문에서 다 포기한다. 만약 첫 관문을 통과해 바이어가 세팅되면 계약이라는 두 번째 관문이 있다. 계약은 바이어와 독점으로 하는 경우도 있을 수 있고 아닐 수도 있으며, 독점이라고 하면 혜택이 있는 만큼 엄청난 부담도 따른다.

계약 시 수수료, 업무 범위, 영업권, 비밀 유지, 기간과 같은 항목을 넣어서 있을지 모를 분쟁을 미리 막아야 하고, 무역 대금, 클레임, 책임 범위처럼 민감한 부분도 여러 번 시뮬레이션해 정확히 정리할 필요가 있다. 서로 배신만 하지 않는다면 아주 이상적인 창업 시스템이지만 대부분 첫 단계인 바이어 세팅에서 무너지기 때문에 현실성이 높은 창업이라고 보기엔 무리가 있다.

✔ 수출 대행 창업

수출자 입장에 서 있는 수출 대행 창업은 말 그대로 수출팀 업무를 대신해 주는 것이다. 제조업으로 창업했거나 기존 내수 시장만 공략했던 공장들이 자체적인 수출팀을 꾸릴 여력이 없어 외부 용역으로 쓰는 형태다. 전시회에서 제품이 괜찮아서 바이어가 문의할 때 다른 업체가 대답하는 경우나 제조사와 판매사가 다른 경우가 이런 경우다.

수출 대행에서 중요한 것은 독점권, 판권, 기간, 수수료 정도로 보이지만 속마음은 복잡하다. 공장 입장에서는 일단 수출 대행업체에 제품에 대한 모든 정보를 바이어에게 주듯 줘야 하기 때문에 카피(Copy)를 우려할 수밖에 없고, 오랜 기간 실적이 없으면 망하는 것이기 때문에 독점권과 영업권 사이에서 고민을 많이 하게 된다.

공장이 수출 대행업체한테 갖는 부담처럼 수출 대행업체도 공장의 뒤통수를 걱정해야 한다. 마케팅과 홍보를 통한 결정체가 바로 바이어 발굴인데, 고생은 직접 하고 오더는 다른 사람이 따는 일이 벌어지기도 한다. 예를 들면, 오더 베이스로 수수료를 계약해서 애써 그 지역에서 마케팅과 영업 활동을 했는데, 향후 공장이 직접 하던지 다른 업체에게 판권을 넘기라는 통보를 받는 것이 그런 경우다. 무한정 여유 기간을 주지 않기 때문에 남 좋은 일만 해주고 떠나는 대행업체도 많다는 사실! 이런 리스크 관리 차원에서 대행업체에서도 오더 베이스가 아닌 매달 수수료를 원하는 경우도 있지만 쉽지는 않다.

✧ 수입(소싱) 에이전트는 바이어와 무슨 항목을 체크해야 하나?

에이전트 창업은 누구나 할 수 있는 창업이라고 말할 만큼 노트북과 스마트폰만 있다면 혼자서도 어디서나 업무가 가능해 매력적으로 보인다. 하지만, 수입 에이전트의 경우 바이어의 지시로 제품을 소싱하거나 수입하는 만큼 확실한 판로가 있다는 것은 좋지만, 그만큼 초기 바이어 세팅이 쉽지 않아 현실적인 진입 장벽이 상당히 높다.

말했듯, 우선 바이어와 계약을 맺어서 제품(아이템)을 소싱해야 하기 때문에 반드시 무역 회사에서 퇴사할 때 바이어를 물고 나오는 등 확실한 바이어가 있는 상태에서 창업해야 한다.

해외에 있는 업체가 직접 제조사와 컨택, 계약, 검품, 출고하기가 쉽지 않을 때 수입 에이전트를 많이 두는 만큼 수입 에이전트는 바이어와 독점으로 계약할 수도 있고, 아닐 수도 있다. 또, 바이어와의 관계에 따라 업무를 할 때 바이어의 명함을 이용하기도 하고, 자체 명함을 쓰기도 한다. 또, 매달 일정 금액을 바이어로부터 지원받거나 사무실을 함께 쓰기도 한다.

바이어의 오더를 받고 제품을 소싱하고 바이어의 컨펌을 받고 출고를 한다는 업무 프로세스는 간단하지만 내부로 가면 좀 더 복잡하다. 수수료, 업무 범위, 독점 영업권, 비밀 유지처럼 본격적인 소싱 작업을 하기 전에 바이어와 먼저 확실히 정해두어야 할 것들이 있다. 그렇다면 어떤 부분이 쟁점이 될까?

➥ 오더 금액으로 수수료를 정할 것인가(커미션 베이스), 에이전트가 소싱할 업체로부터 완사입해서 마진을 붙여 해외 업체에 판매할 것인가(일반 무역 회사 방식)?

➥ 무역 에이전트는 단순 소싱할 업체의 리스트만 전달하면 되는가, 계약 체결까지 진행하는가? 언제부터 바이어가 개입할 것인가?

➥ 소싱할 업체의 매입 대금을 해외 업체가 지불할 것인가, 수입 에이전트가 지불할 것인가?

➥ 제조사에서 바로 바이어 창고로 출고할 것인가, 수입 에이전트 창고에서 검품하고 출고할 것인가?

➥ 바이어와 제조사를 직접 붙여주는 형태라면 일회성 첫 오더로 일정 금액의 수수료를 받을 것인가, 아니면 향후 오더에도 지속적으로 수수료를 받을 것인가?

➥ 매달 일정 금액이나 사무실을 바이어로부터 지원받을 것인가?

➥ 불량 또는 클레임 같은 분쟁이 발생했을 때 무역 에이전트가 어떤 역할을 할 것인가?

➥ 바이어가 배신하거나 에이전트가 배신하면 어떻게 처리할 것인가?

정리하면 업무 범위와 역할이 분명해야 한다. 특히 커미션 베이스와 사입해 판매하는 방식 중 무엇을 택하느냐에 따라 창고 운영 부분과 자금 흐름에 대한 그림도 달리 그려진다.

조금이라도 분쟁이 발생할 소지가 있는 부분은 미리 계약으로 확정 지어서 서로 조심하는 것이 중요하고, '알아서 잘해주겠지.', '우리 사이에 이 정도는 당연한 거야.' 같은 생각은 절대로 금물이다. 차후에 중간에 위치한 수입 에이전트를 배제하고 일하는 경우가 비일비재하기 때문이다. 처음부터 끝까지 계약을 통해 확정해야 한다.

만약 출고 상황에서 검품까지 해야 한다면, 무역 대금 흐름을 어떻게 잡아야 할지도 명확히 정해야 한다. 즉, 제품의 수출 흐름과 무역 대금의 흐름이 일치해야 한다. 또, 독점권은 양날의 칼과 같아 독점이라는 권한을 갖는 만큼 책임이 크게 따른다는 점도 명심하자.

◇ 제품 소싱 시, 제조사에게 꼭 물어봐야 하는 것 A to Z

아이템을 소싱할 때는 제조사로부터 직접 소싱하는 방법과 영업권 또는 총판권을 가진 회사와 거래하는 방법이 있다. 온라인 쇼핑몰이나 SNS에서 마음에 드는 제품을 발견했다면 해외 판권 보유 여부를 판매처에 문의하기도 하고, 제조사에 직접 문의하면 해외 판권을 가진 업체를 연결해 주기도 한다.

일반적으로 첫 거래는 주로 이메일을 사용해 시작한다. 메일을 쓸 때는 단순히 제품명, FOB 가격만 물어보는 것보다는 나에 대한 소개와 함께 판매할 시장에 대해 먼저 알려주는 것이 대화를 이어나가는 데 큰 도움이 된다.

다음의 내용을 참고하자.

✔ 해외 진출 상황

브랜드와 제품이 어느 나라에서 판매되고 있는지 묻고, 판매되고 있지 않다면 어떤 이유가 있는지 알아야 한다.

✔ 현재 수출 진행 상황과 독점 여부

이 시점에 해외 독점권과 영업권을 누가 가지고 있는지 알아야 향후 있을지 모를 혼선을 방지할 수 있다.

✔ 특허 또는 인증서 보유 여부

이는 해외에 첫 제품을 선보일 때 참고 자료로 큰 역할을 한다. 해외 마케팅과 홍보에도 큰 도움이 된다.

✔ 샘플 오더 가능 여부

MOQ 이하로 오더가 진행될 수 있는지, 재고를 가지고 있는지, 납기까지 얼마나 걸리는지 알아야 영업과 자금 집행 스케줄이 나온다.

✔ 제품 불량 대응법

제품 불량률을 알아야 RMA(Return Material Authorization) 수량을 정할 수 있고, 향후 있을지 모를 A/S에 대한 조율도 편해진다.

✔ 컬러 또는 스펙 변경 여부

OEM 정도까지는 아니더라도 해외 시장에 맞게 사양을 변경할 필요도 있다. 컬러와 스펙 조정, 변경이 가능한지 알아야 하고, 가능하다면 MOQ가 얼마인지도 알아야 한다. 특히, 컬러별 MOQ인지 총 오더 수량인지를 확인해야 향후 생길지 모를 혼선을 막을 수 있다.

✔ 결제 조건, FOB 가격, 수량별 가격

소싱에서 가장 중요한 부분으로, 계약서를 쓰기 전에 꼭 확인해야 한다. 이메일은 또 하나의 증거 자료이기 때문에 유선으로 합의를 봤더라도 꼭 증거를 남기는 습관을 들여야 혼선을 막는다. T/T의 시기와 비율을 정해야 하고, 가격의 경우 유효 기간이 언제까지인지 알고 있어야 갑작스러운 가격 인상과 오더 취소를 예방한다.

✔ 현재 형성된 소비자 가격(온·오프라인)

현재 형성된 가격과 품질에 대한 소비자의 만족도를 알아야 해외 시장에도 충분히 반영할 수 있다.

✔ 마케팅 자료(홈페이지, 카탈로그, 제품 사진, 기타 등) 요청

오더(주문)를 진행하기 전에 해외 현지에서 다양한 마케팅과 홍보가 이루어지는데, 공장에서 제작한 자료를 중심으로 진행돼야 혼선을 예방할 수 있다.

✔ 원산지(FTA에서 중요)

중국산인지, 일본산인지, 한국산인지 등을 확인하고 FTA 혜택 여부를 검토해야 한다.

✔ 제품의 장단점

공장(제조사)에서 보는 장점과 단점, 시장에서 보는 장점과 단점에는 차이가 있을 수 있다. 미리 숙지해야 향후 현지 영업과 마케팅 시 빠르게 대응한다.

자신의 제품을 가지고 해외에 수출하는 경우도 있지만, 자의 반 타의 반으로 남의 제품으로 수출하는 경우도 많다. 내 아이템 뿐 아니라 또 하나의 아이템을 얻는 것이기 때문에 상당히 좋은 조건임에는 틀림없지만, 공장(소싱처)과 다양한 트러블도 존재한다. 이런 부분은 계약서만 믿기보다는 신뢰가 중요한 만큼, 소싱 전에 해당 공장(소싱처)의 마인드를 잘 살펴봐야 한다.

✔ 현지 시장 가격 통제

제품을 소싱할 때 "일본 시장 라쿠텐에서 이 제품을 판매하려 합니다." 등 구체적인 계획을 언급해야 공장에서도 나름의 적절한 가격과 MOQ, 납기를 언급한다. 처음에는 무조건 다 된다고 하거나 아낌없는 지원을 약속하지만, 몇 번 거래하다 보면 "현지 판매가가 너무 낮다.", "국내처럼 가격 관리를 해야겠다.", "국내 가격과 차이가 많이 난다."라며 이리저리 훈수를 두는 경우도 있다. 이 때문에 오더가 초기에 중단되어서 사전 마케팅과 영업을 한 바이어가 피해를 보는 사례도 빈번하다.

✔ 말 바꾸기

"처음에는 배려 차원에서 해준 것이고, 실제 가격은 이것으로,

이 스펙은 이 수량으로는 불가능합니다." 소싱을 하다 보면 이런 말을 참 많이 듣는다. 처음에는 아무 말이 없다가 오더가 몇 번 진행되면 나온다. 일부러 그렇게 하는 경우도 있고 수출 쪽을 잘 몰라서 그런 경우도 있지만, 바이어 입장에서는 초기 런칭 비용만 날리고 오더가 종료된다는 사실!

✔ 시장을 뺏는 경우

수출용 소싱의 기본 프로세스는 제품을 소싱해서 현지 바이어에게 넘기고, 마케팅과 홍보, 영업 과정을 통해서 매출을 극대화하는 것이다. 요약하면, '샘플 → 현지 반응 → 샘플 오더 → 메인 오더' 순으로 진행된다.

그런 왕성한 영업, 마케팅, 홍보력 덕에 다른 바이어가 직접 공장을 찾아와 미팅하는 경우도 있고, 제품에 대한 자신감으로 공장이 직접 바이어를 찾아 나서는 경우도 있다. 남 좋은 일 시켜주고 오더가 종결되는 경우다.

✧ 소싱 공장과 계약 시, 분명히 정리해야 할 것들은?

내 제품이 아닌 타제품을 소싱하는 경우, 내 제품이 아니기 때문에 향후 발생할 수 있는 문제들을 반드시 계약 전 공장(소싱처)과 정리해 두어야 뒤탈이 없다. 공장(소싱처)과 바이어 사이 중간자 입장에서 소싱만 진행한다면, 대부분은 중간자인 나를 빼고 직거래하는 경우에 대해 고민할 것이다. 어떻게 하면 직거래를 막을 수 있을까?

혹자는 이에 대한 해법으로, 단순히 연결만 해주는 브로커 개념이 아닌 직접 매입해 수출하는 방식을 취하려고도 한다. 거래 초기에는 무역 서류를 비롯한 모든 프로세스에서 바이어를 철저히 감출 수는 있다. 그러나 제품이 선적되고 해외 현지에서 판매가 이루어지면 OEM이 아니기 때문에 온라인상에서도 쉽게 그 제품이 언제 어디에서 얼마에 팔리는지 금방 알 수 있게 된다.

여기서부터 공장에서는 생각이 많아진다. '이 기회에 다른 빅 바이어를 찾을 수 있지는 않을까?', '내가 직접 거래할 수 있지는 않을까?', '중간 에이전트를 빼면 가격 경쟁력이 더 높아지지 않을까?' 등.

또한, 공장이 해외 현지 판매 가격과 영업 방식에 간섭할 수도 있다. '소비자 가격이 너무 낮다.', '다른 오프라인 매장에서는 왜 안 파는가?' 등 컨트롤을 하고 싶어 할 수 있다. 이런 부분은 초반에 정리하지 못하면 뒤에 가서 문제가 생기기 때문에 반드시 정리해야 한다.

그렇지 않으면, 기존 오더를 끊고 갈아타려 하거나, 실제 원자재 가격의 급상승으로 인해 오퍼 가격을 변경하기도 한다. 이런 사태가 벌어지면 해외 업체들은 대부분 예고 없이 일어나는 가격 상승을 인정하지 않기 때문에 중간 에이전트의 마진만 줄어들거나 손해를 볼 수도 있어 이 부분도 사전에 공장과 잘 정리해야 한다. 판매가 잘되면 잘되는 대로 안 되면 안 되는 대로 공장에서 영업권 또는 독점권을 뺏기도 한다. 공장 입장에서는 판매가 잘되면 당연히 더 좋은 업체가 눈에 들어올 것이고, 안 되면 여러 이유를 들어 바꾸려고 시도할 것이기 때문에 영업권과 독점권, 기간에 대해서도 초창기에 명확히 정리해야 혼선이 없다.

무역은 사람이 하는 것이기에 어렵다. 서로 간의 입장이 언제 어떻게 변할지 모른다. 그래서 사전에 최대한 고민하고 정리함으로써 향후 있을지 모를 분쟁을 예방하는 것이 최선이다.

✧ 소싱처(제조사, 공장)가 무역 에이전트를 싫어하는 이유

무역 에이전트 창업에 있어 제품 소싱은 그렇게 어렵지는 않을 거라고 생각하는 경향이 있다. 제품에 대한 안목과 확정된 판로에 근거해 제품을 팔아준다고 하면 소싱처(공장, 제조사)가 당연히 좋아할 것이라고 생각하기 때문이다. 그러나 막상 소싱처에 제품을 팔아주겠다고 연락하다 보면 의외로 소싱처가 빡빡하게 나오는 경우를 볼 것이다.

소싱처는 무역 에이전트의 연락을 받으면 몇 가지 큰 고민을 시작한다. 하나는 '중간에 에이전트가 끼면 가격과 시장이 망가질 것이다.'라는 고민이고, 다른 하나는 '에이전트가 내 제품만 다루지 않기 때문에 조금 하다 말거나 제대로 약속을 이행하지 않아 제품과 회사에 대한 비밀만 노출될 것이다.'라는 선입견이다. 즉, 소싱처는 무역 에이전트를 불필요한 중간자 또는 사기꾼으로 인식하고 성공보다는 실패에 대한 선입견을 깔게 된다. 무역 에이전트 입장에서는 당황하지 않을 수 없다.

사실 무역 에이전트는 시스템만 보면 상당히 이상적인 업무 분장처럼 보인다. 소싱처는 제조만 하고, 무역 에이전트는 영업과 마케팅을 하는 윈윈 전략을 구축한 이상적인 시스템처럼 보이지만, 현실은 갈등과 상처가 많은 시스템이기도 하다. 기본적인 갈등 사례는 다음과 같다.

- ➡ 독점인데 성과가 없는 경우
- ➡ 양측의 무리한 요구가 있는 경우
- ➡ 성과가 없어서 계약이 취소되는 경우
- ➡ 계약서에 없는 역할과 조건의 급변경이 생기거나 요구되는 경우
- ➡ 성과가 있지만 공장이 직접 하려고 나서는 경우

말했듯, 잘되면 잘되는 대로, 안 되면 안 되는 대로 갈등은 일어난다. 그러나 이런 상황 속에서도 공장이 에이전트를 의지하고 택한다면 그 이유는 빅 바이어가 직접 와서 팔아주는 것을 최선이라고 볼 때, 차선 또는 차차선이라도 잡아야 하기 때문이다.

어쨌든 물건을 팔아주니 갑의 위치라거나 적어도 반기겠거니 생각하는 무역 에이전트 입장과 하루에 수차례 무역 에이전트로 부터 비슷한 연락을 받는 소싱처의 입장에는 처음부터 상당한 거리감이 있을 수밖에 없다.

가장 심각한 갈등 사례 중 하나인 수출 에이전트의 무책임한 독점권 요구를 예로 들어보자. 에이전트는 투자한 것이 아까워 서 실적을 내지 못하더라도 독점권을 계속 보유하고 싶어 한다. 그러나 그런 시간으로 인해 제품은 신제품이 아닌 구제품이 되 고, 시장에 노출된 만큼 카피(Copy)에 취약해지거나 후발 주자에 게 시장을 뺏긴다. 결국, 수출 타이밍을 놓친 공장은 망하기 때 문에 이런 경험이 있는 소싱처라면 당연히 선입견을 가질 수밖에 없다. 악순환이 아닐 수 없다.

그렇다면 우린 궁금하다.

'만약 실적이 좋다면? 결과가 좋다면 모든 문제가 다 해결될까?'

꼭 그렇지만도 않다. 시장에서 제품이 좋은 반응을 보이면 에 이전트가 이를 수정 보완해 직접 제품을 생산하는 경우도 있고, 공장 역시 직접 바이어와 연락을 취하거나 이를 기반으로 다른 빅 바이어를 찾을 수 있기 때문이다. 결국, 잘되면 잘되는 대로 안 되면 안 되는 대로 문제가 생기는 협력 관계에서 공장과 에 이전트가 공생하려면 최우선 과제는 신뢰라는 것을 명심해야 한다.

✧ 창업 시, 어떤 오피스(사무실)를 골라야 할까?

실질적으로 초기 스타트업이 선택할 수 있는 오피스는 인큐, 소호(공동), 쉐어(Share), 단독 오피스 정도다. 사무실이 먼저 계약 되어야 사업자 등록증이 나오는 만큼 가장 먼저 고민해야 한다. 모든 것이 세팅되어 있다면 그만큼 임대료도 높을 것이다. 반대 로 처음부터 세팅해야 한다면 임대료가 싸다. 또, 같은 조건이라 도 역세권에 따라 임대료가 달라지는 만큼 자신에게 맞는 사무 실을 찾아 효율을 높이는 것이 관건이다.

✔ 인큐 오피스

인큐 오피스는 정부기관 또는 지자체에서 (예비) 창업자를 대상으로 저렴하게 사무실을 제공하는 사업이다. 기관에서 운영하는 소호(공동) 오피스라고 보면 된다. 오픈 공간, 1인실, 2인실, 3인실처럼 다양한 옵션이 있고 수시로 뽑거나 정시로 뽑는 만큼 항상 주의 깊게 봐야 한다.

장점으로는 사무실 비용이 아주 저렴하다는 것! 또, 세무사, 법무사, 변리사, 관세사 상담처럼 창업에 있어 꼭 필요한 자원도 지원하기 때문에 일 처리가 원스톱으로 가능하지만 혜택이 많은 만큼 경쟁이 치열하고 주관기관마다 지원 조건이 까다로울 수 있어 미리미리 준비해야 한다.

✔ 소호(공동) 오피스

소호 오피스는 평수에 따라 개방형, 1인실, 2인실, 3인실 등이 있어 선택의 폭이 넓다. 프린터, 인터넷, 냉장고, 회의실, 휴게소를 무료로 공유하기 때문에 초기 세팅비가 거의 들지 않는다는 것이 장점이다. 오피스의 성격에 따라 주요 역세권에 위치한 경우도 있고, 오픈마켓과 쇼핑몰에 특화되어 공동 촬영실과 공동 택배 서비스가 제공되는 곳도 있다.

만약 무역 에이전트와 브로커, 디자인 외주처럼 혼자서 노트북만 있어도 작업하기 충분하고, 외근이 많다거나 카페와 같은 공간이면 어디서나 작업이 가능한 창업자에게는 사무실 공간은 제공하지 않지만, 우편물과 사업자 등록증을 위한 주소만 제공하는 서비스도 있다.

초기 세팅비가 없는 만큼 임대료가 높고, 위치, 시설, 노후화에 따라 들어가는 비용도 달라지는 만큼 예산과 나의 업무에 대한 진지한 고민을 한 후에 결정해야 한다.

✔ 쉐어 (Share) 오피스

쉐어 오피스는 혼자서 비용을 내기에는 부담스러울 때, 보통 2~3명에서 한 공간을 쓰면서 사무실 집기와 관리비를 쉐어하는 형태다. 예를 들면, 오픈마켓 사업자들끼리 같이 있으면서 정보도 공유하고 혼자서는 못 하는 육체노동도 도와주면서 의지해 효율을 극대화하는 게 장점이다. 하지만, 사무실 운영에 대한 갈등 역시 항상 염두에 두어야 한다. 단독 오피스처럼 임대료 외에 인테리어, 책상, 인터넷, 냉장고와 같은 초기 세팅비가 들어가기 때문에 처음부터 뜻을 같이하는 멤버들이 오피스를 같이 구하는 모양새를 갖추지만 한 명이라도 탈퇴하면 새로운 멤버를 구하기 어렵고 비용이 증가한다는 단점이 있다.

✔ 단독 오피스

단독 오피스는 말 그대로 혼자서 쓰는 만큼 비용이 부담되지만 최근에는 작은 크기의 사무실 공간도 많아 선택지가 다양하다. 보통 나만의 공간을 중시할 때 단독 오피스를 쓰지만, 처음부터 사무실 집기, 냉장고, 에어컨 등을 모두 설치해야 하기 때문에 초기비용이 많이 들어가고, 이사 문제도 의외로 스트레스다.

물류 이동이 빈번한 경우에는 엘리베이터 활용 여부가 중요하고 상하차 공간이 확보되어야 하며, 미팅이 빈번한 경우에는 역세권 또는 랜드마크 주변을 고려하는 것이 좋다.

◇ 무역 창업 시, 세무사, 관세사, 변리사, 법무사의 역할은?

세무사, 관세사, 변리사, 법무사는 제조업, 무역업, 요식업 등 어떤 형태의 창업이든 창업 시 기본적인 세팅과 운영을 도와주는 전문가들이다. 창업의 종류에 따라 역할의 비중은 당연히 다르다.

✔ 세무사

어떤 창업을 하든 꼭 함께해야 하는 전문가다. 창업의 종류를 불문하고 국세청, 즉 세금과 관련된 다양한 조언과 업무를 대행해 준다.

요즘은 금액이 크지 않으면 직접 관리, 신고를 하기도 하지만 세무 관련 업무는 절세에 필요한 조언을 수시로 받는 일이 중요하기 때문에 보통 파트너 세무사는 구해둔다. 업체 선정 시에는 지인의 소개를 받거나 비용 비교도 해봐야겠지만 내가 하는 업종, 업태 분야에서 충분한 경험이 있는 곳인지를 더 중요하게 봐야 한다.

✔ 관세사

무역업(창업), 특히 수입하는 분들이 자주 고용한다.

수출을 하는 경우에는 관세사가 수출 신고 대행 정도만 처리해 주기 때문에 포워더(운송사)를 선정할 때 "관세 업무도 같이 해주세요"라고 요청해 진행하는 경우가 많을 정도로 큰 비중을 차지하진 않는다. 그러나 수입의 경우에는 관세사의 역할이 상당히 중요하다.

관세사와 포워더가 동시에 움직이는 이유는 따로따로 컨택하면 번거롭기 때문이다. 그만큼 콤비 플레이가 잘되는 업체들끼리 진행해야 손발이 잘 맞는다. 수입 시에는 통관을 포함해 세금 관계가 다양하게 연결되어 있어 관세사의 역할이 크다. 지인 소개로 연결되거나, 상담 후 만족스러운 곳과 하는 경우, 포워더를 통해 컨택하는 경우 등이 있다.

✔ 변리사

특허에 관련된 지적재산권을 다루는 전문가로, 제조업 창업하는 사람들에게는 필수 전문가다. 요새는 워낙 카피(Copy) 제품과 지적재산권 침해 사례가 잦아 상담이 많다. 그러나 특허 비용이 만만치 않은 만큼 신중히 선택해야 한다. 실용신안, 특허, 디자인권, 상표권을 모든 제품에 다 설정하기에는 현실적으로 부담이 크다. 정부기관 및 지자체 내에 무료 상담과 다양한 지원사업이 많으므로 평소 관심을 가지고 신청해야 혜택을 받는다.

✔ 법무사

어떤 종류의 창업이든 창업을 하면 법적인 소송에 휘말리는 경우가 있다. 사업을 하다 보면 여신을 받는 경우가 많기 때문에 국내 업체 간에 소송전이 벌어지기도 하고, 해외 업체와 국제적인 소송전이 벌어지기도 한다. 일이 커지면 법무사에서 변호사, 국제 변호사로 담당자가 바뀐다. 누구나 예상하듯 소규모 창업자가 법정으로 갈 때는 이기든 지든 여러 이유로 손실이 막대하기 때문에 최대한 예방하려는 노력이 필요하다.

위 전문가들과의 협력 분야를 정리해 보면 다음과 같다.

- ➡ 창업을 하면 가장 자주 보는 세무사!
- ➡ 수출입 건수가 있을 때 보는 관세사!
- ➡ 특히에 욕심이 생길 때 한 번씩 만나 상담하는 변리사!
- ➡ 안 보면 더욱 좋은 법무사!

✦ 성공적인 사업 계획서 작성법

사업 계획서는 회사 소개용, 투자용, 자금 지원용처럼 목적에 따라 내용이 조금씩 다르다. 구성이 비슷하기 때문에 대부분 내용을 차별화하는 데 많은 시간을 할애하지만, 같은 내용이라도 구성과 작성을 어떻게 하느냐에 따라 당락이 결정되는 만큼 해당 사업 계획서를 검토하는 심사위원을 고려하며 작성해야 한다.

✔ 제목과 서두의 중요성

평소 우리는 두괄식 문장보다는 미괄식 문장에 익숙하고 항상 마지막에 결론을 도출하려는 경향이 있다. 그러나, 심사위원들은 제목을 포함한 앞부분을 보고 많은 것을 판단하기 때문에 쉽고 흥미 있는 주제로 먼저 이야기를 시작해야 짧은 시간에 심사위원들의 이목을 끌 수 있다.

✔ 첫 페이지의 중요성

제목과 첫 페이지가 중요한 이유는 심사위원들이 짧은 시간에 많은 자료를 검토해야 하기 때문이다. 심사를 하다 보면 시간에 쫓기는 경우가 많다. 그렇기 때문에 첫 페이지가 눈에 띄지 않는다면 다음 페이지로 넘어가지 않고 끝까지 볼 가능성도 그만큼 적어진다.

✔ 쉽게! 아주 쉽게 쓰기

특수 용어는 꼭 필요한 때만 쓰는 게 좋다. 심사위원이 해당 분야에 속해 있지 않은 경우도 많기 때문에 아는 척하기 위해 은어, 약어, 전문용어를 너무 남발하면 혼란만 준다.

✔ 너무 막연하고 큰 목표는 오히려 마이너스

기존 대기업과 중견기업을 이길 수 있다고 자신하는 등 처음부터 너무 큰 목표와 폭넓은 시장을 언급하는 것은 좋지 않다. 현실감도 없고 막연해서다. 현재 타깃 가능한 목표 시장과 목표 금액을 구체적으로 제시하는 것이 좋다.

✔ 맨땅 위에서 시작한다는 느낌은 지양

심사위원 입장에서는 아무리 사업 내용이 좋더라도 현실성을 의심할 수밖에 없다. 어느 정도의 단계에 올라섰는데 자금만 조금 받쳐주면 성공할 수 있다는 느낌을 준다면 좋은 인상을 줄 것이다.

✔ 경제적 파생 효과 강조

이번 사업으로 나만 먹고살 수 있는 게 아니라 타인에게도 경제적 혜택과 파생 효과가 있음을 강조함으로써 공공의 사업으로 인식시키는 것이 중요하다.

✔ 이미지, 그래프, 데이터 활용

심사를 하다 보면 '글보다는 이미지, 이미지보다는 영상' 순으로 내용이 눈에 들어온다. 사업 계획서에 영상을 담을 수는 없기 때문에 도표와 이미지를 최대한 활용하고 가독성이 높은 폰트를 쓰거나 강조가 필요한 부분은 따로 표시하면 바쁜 심사위원들이 빠르게 핵심을 검토할 수 있다.

✧ 무역 부업으로 한 달에 50, 100, 200만 원 벌기 가능할까?

"부업으로 50만 원, 100만 원, 200만 원 벌기."
"쉬워서 누구나 할 수 있다!"
이런 이야기를 들어본 적 있는가? 소문에 비해 실제로 벌었다는 사람들은 의외로 찾기 힘들다. 무역 부업에서 가장 단순하고 현실성 있는 경우는 다음 두 가지다.

➡ 수출자 입장에서 할 것인가?
➡ 바이어 입장에서 할 것인가?

부업은 말 그대로 본업으로 일하는 시간을 제외한 낮 틈틈이나 밤에 몰아서 하는 일이다. 사무실을 세팅한 후 매일 정기적인 시간에 출퇴근하며 집중하는 것은 불가능하기 때문에 오픈마켓처럼 직접적으로 일하기보다는 중간에서 브로커 또는 에이전트 형태로 진행하는 것이 현실적이다.

이렇게 볼 때, 3가지 방식의 부업이 있다.

① 제조사(제품)와 바이어 모두 없는 경우
② 제조사(제품)는 있고 바이어는 없는 경우
③ 제조사(제품)는 없고 바이어는 있는 경우

이 중에서는 3번째 방법인 바이어가 있는 상태, 즉 바이어 입장에서 수입 대행처럼 국내 제품을 소싱 대행해 주는 경우가 가장 현실적이다. 이 시나리오가 가능한 경우는 해외에 바이어나 지인이 있는데, 한국 제품에 너무 관심이 많지만 제품을 직접 소싱하기에는 부담이 될 때 한국의 지인 또는 에이전트한테 부탁하는 경우다.

이러한 방식으로 중국, 동남아 유학생들이 실제로 부업을 많이 하고 있다. 바이어가 세팅되어 있는 상태에서 국내 제품을 소싱하는 것은 정말 쉽다. 바이어가 원하는 아이템과 프로세스에만 맞추면 되기 때문이다. 무엇보다 부업의 조건에도 충족된다.

이런 방식으로 부업을 한다고 할 때, 사실 예로 든 100, 200, 300만 원이라는 금액의 의미는 크게 중요하지 않다. 진행 방식에 따라 오더 금액의 일부 퍼센트를 금액으로 받는 경우도 있기 때문에 그 금액은 충분히 올라갈 수 있다. 결국, 무역 관련 부업을 해 한 달에 얼마를 번다는 개념보다 확실한 바이어를 잡고 시작하느냐의 여부가 관건이다.

◈ 창업 컨설팅 사례 1

> **"공장에서 나보고 무역(수출) 창업해서 자기 물건을 팔아 달라고 합니다."**
>
> 제조 공장을 가지고 있는 회사의 해외 영업사원입니다. 바이어와 친해지다 보니 이런저런 다른 아이템도 수입하고 싶어 합니다. 그래서 국내 공장을 찾아 몇 번 연결해 준 적도 있습니다. 공장에서는 차라리 무역 창업을 하라고 꼬십니다. 해도 될까요?

실제로 이런 이유로 창업 고민을 많이 한다. 수출은 제품이라고 할 수 있는 '공장', 판로를 열 수 있는 '영업사원', 그 제품을 살 '바이어'로 구성되기 때문에 공장과 영업사원이 의기투합하고 바이어가 동의하면 성공적 창업이 될 것이라 확신하는 것이다. 여기에는 각자의 셈법이 있다.

공장은 손해 볼 것이 하나도 없기 때문에 가장 적극적이다. 해외 업무 담당 직원을 뽑을 능력은 안 되고, 뽑는다고 해도 실적을 내기까지 시간과 마케팅비, 홍보비가 필요하기 때문에 해외 수출을 생각하는 순간 공장 입장에서는 돈이 빠져나간다. 그러므로 누가 대신 팔아준다면 좋아한다.

영업사원 입장에서는 당장 회사를 그만두고 창업하는 이유는 딱 한 가지, '돈'이다. 따로 투자할 돈과 별도의 시간이 필요하지 않고, 현재 상태에서 돈을 더 벌겠다는 계획으로 창업을 고려하게 된다.

바이어 입장에서도 손해 볼 것이 없다. 기존 영업사원이 무역에 대해 잘 알고 자신들의 상황도 잘 이해하고 있기 때문에, 비록 중간 업체로 인해 납품가는 상승할 수 있지만, 클레임이나 생산 관리 부분에서 적절한 네고가 가능하기 때문이다.

이런 이유로 공장은 적극적으로 창업하길 원하고, 바이어는 나쁠 것이 없어 중립적인 입장을 취하지만, 창업자 본인에게는 모 아니면 도인 상황이 벌어진다. 회사를 그만두고 창업한다면, 그 목적은 지금보다 더 많은 돈을 벌 수 있다는 희망에 있을 것이다. 그러나 분명한 것은 직장생활을 할 때는 매달 월급을 받지만 창업은 하는 그 순간부터 돈이 빠지며, 손익 분기점까지 시간이 필요하므로 창업 비즈니스를 지속할 수 있느냐가 관건이다. 창업 후 예상치 못한 복병을 만나는 사례는 다음과 같다.

➡ 공장은 납품 단가를 올리려 하고, 바이어는 다른 공장을 찾겠다고 한다면?

➡ 해외 수입 담당자가 많은 것을 요구한나면?

➼ 해외 수입 담당자가 교체되거나 그 회사가 폐업 또는 업종을 변경한다면?

➼ 공장이 폐업해 같은 조건의 공장을 찾기가 어렵다면?

➼ 수입업체가 다른 공장의 아이템을 원한다면?

이처럼 다양한 변수가 존재한다. 창업 시 하나의 공장, 하나의 바이어를 두고 시작하는 경우가 많지만 이런 위험성이 존재한다. 이처럼 각각의 이익을 위해 영업사원을 흔드는 경우가 많다. 어디까지나 본인 중심으로 리스크 관리를 다각적으로 검토할 필요가 있고, 객관적으로 아니다 싶으면 다시 원점으로 돌아가는 용기도 필요하다.

✧ 창업 컨설팅 사례 2

> **"해외에 의료 기기를 수출하고 싶은 무역 예비 창업자입니다."**
>
> 바이어로부터 의뢰를 받아서 수출을 하려고 합니다. 무역 대행이나 에이전트처럼 커미션 베이스가 아닌 매입·매출을 통한 일반 무역 회사를 만들고 싶은데 가능할까요?

바이어가 세팅되어 있는 수입 대행 업무에 일반 무역(매입·매출) 회사 업무를 혼합하는 것은 당연히 가능하다. 커미션 베이스가 아닌 일반 무역 회사처럼 매입·매출하는 방식은 공장과 바이어 간의 비밀 유지를 포함한 지저분한 사건과 있을지 모를 잠재적 불편함을 해소하는 깔끔한 방식이기 때문에 여건만 된다면 추천 한다. 기본 전제 조건은 기존에 알고 있던 바이어로부터 오더를 받아 소싱하는 개념이기 때문에 반드시 바이어가 배신을 하면 안 된다는 것이다. 즉, 바이어만 확실하다면 매우 좋은 시스템이 지만 뒤통수를 치는 바이어가 항상 존재한다는 점 역시 명심해야 한다.

그렇기 때문에 바이어 하나만 믿고 직장을 그만두고 창업하는 것보다는 직장에 다니면서 병행하는 것을 추천하며, 창업 경험을 쌓고 바이어가 확대되면 전업으로 창업할 것을 권한다.

Chapter 4

무역 취업
& 이직

Part 01

무역 면접 준비하기 _____

✧ 무역 취업 준비생이 가장 궁금해하는 무역 Q&A

✔ 무역 사무 vs 해외 영업 업무 차이는?

취업 원서를 넣을 때 정확히 알아야 하는 부분이다. 과거에는 '무역 사무는 여자! 해외 영업 파트는 남자!'로 생각하는 경우도 있었지만, 지금은 그런 경계가 많이 없어졌다. 대기업에서는 어느 정도 업무가 나누어져 있지만, 소기업으로 갈수록 혼자 북 치고 장구 칠 경우가 많다는 점! 참고로, 해외 영업 파트라면 바이어를 잘 찾는 능력자가 되어야 하고, 무역 사무직이라면 꼼꼼한 무역 서류 전문가가 되어야 한다.

✔ 무역 취업 준비생의 스펙은?

많은 분이 궁금해하는 질문이다. 무역 회사에서는 무엇을 중요하게 볼까?

- 무역의 특성상 관련 학과에 대한 가산점?　　No.
- 무역 관련 자격증 보유 여부?　　No.
- 무역 관련 인턴 경험 여부?　　No.
- 사설 무역 아카데미 교육 이수 여부?　　No.
- 제2외국어 능력?　　No.
- 영어 능력?　　Yes.

즉, 영어를 제외한 나머지 부분은 있으면 좋지만, 딱히 따지지는 않는다.

✔ 나한테 맞는 회사는 어떻게 찾나?

회사의 눈에 들 생각만 해서는 안 된다. 내가 잘 적응하고 능력을 펼칠 수 있는 회사인지도 확인해야 한다.

① 직장 vs 직업

② 연봉 vs 복지

③ 농근 시간

④ 회사 분위기

⑤ 내가 감당할 수 있는 업무인지 여부

이것들을 꼭 체크해 놔야 후회가 없다.

통계상에서 가장 많이 잡히고 관심을 두는 부분은 '취업률'이지만, 보이지 않는 퇴사율이 의외로 높다. 1년을 못 버티는 경우도 많다. '묻지 마' 응시를 하는 경우도 적지 않은 만큼 회사가 나를 뽑는다는 의미도 중요하지만, 그전에 내가 감당할 회사이고 업무인지를 꼭 고민할 필요가 있다.

✔ 무역 관련 자격증은 꼭 필요한가?

가산점이 있을 수 있으니 없는 것보단 있는 게 좋다. 하지만, 준비에 시간과 돈이 들어가는 자격증에 너무 집착할 필요는 없다. 앞서 말했듯, 절대적인 기준은 일단 영어 능력이다.

✔ 입사 전 영어, 입사 후에 써먹을 수 있나?

당연히 써먹을 수 있다. 취업 전에는 보편적인 영어를 썼다면 취업 후에는 구체적이고 집중적인 전문 영어, 회화를 배우게 된다. 회사에서 어떤 역할을 맡느냐에 따라 그 역할에 따르는 전문 용어와 영어를 배운다. 그렇기 때문에 입사 전에 이미 외국어를 잘한다면 그만큼 빠르게 적응해 업무를 익힐 수 있다.

✔ 해외 영업 & 해외 마케팅 분야에 취업하려면 어떤 스펙이 중요한가?

영어다. 중요한 것은 각 부서의 업무 영역에 따라 사용하는 단어와 비즈니스 회화 스킬이 다른 만큼, 취업해 회사에 다니면서도 지속적으로 영어 능력을 업데이트할 각오가 필요하다는 것이다.

그만큼 구인하는 회사 대부분이 연봉에 비해 높은 원어민 실력을 요구하는 경향이 큰 것도 스트레스! 꼭 그렇지 않더라도 업무를 함에 있어 영어와 관련해 스스로 받는 스트레스가 클 수 있기 때문에 영어 실력 관리는 매우 중요하다.

실제로, 영어 능력 덕에 담당자로서 더 인정받는 경우도 있고 회사 내에서 입지가 커지기도 하지만, 영어 능력 부족으로 외국계 회사를 비롯한 다양한 곳에서 기회를 놓칠 수도 있다.

✔ 학교생활과 인턴 경력이 취업에 영향을 주는가?

신입을 뽑을 때 중요하게 보는 것 같지만, 단순한 참고용에 가깝다. 물론 입사를 희망하는 회사가 원하는 부분이라면 당연히 준비해야 한다. 이러한 질문을 하는 이유는 '사회생활을 조금이라도 경험해 보았는지?', '회사 입사 후 팀원으로 잘 일할 수 있는지?' 정도를 가늠하기 위해서라고 보면 된다.

✔ 취업을 위한 무역 교육은 어디서 배워야 하나?

신입이라면 전체적으로 짚어주는 무역 아카데미를 강추! 좀 안 다 싶으면 부분 단과반을 강추한다! 강사들의 실력은 비슷하다. 운이 좋아 자신에게 잘 맞는 강사와 멘토를 만나든가, 자신이 하려는 업무, 국가, 아이템을 다뤄본 강사를 만나면 정규수업뿐 아니라 경험도 함께 배울 수 있기 때문에 매우 좋다. 강좌는 정부기관 또는 지자체에서 실행하는 무료 강좌를 추천한다.

✔ 외국어는 어느 수준까지 해야 하나?

회사마다 요구하는 외국어 스펙이 다르지만 일단 합격해야 하기 때문에 영어 점수(ex. 토익)를 올리는 것이 가장 중요하다. 어차피 외국어를 사용하는 부서에 지원한다면 그 부서에서 일하는 데 필요한 비즈니스 어휘, 표현은 입사 후에 새롭게 배워야 한다. 취업 시에는 일단 합격에만 집중하자.

✔ 실력을 키우는 데 큰 회사가 좋은가? 작은 회사가 좋은가?

'대기업 vs 중소기업 vs 스타트업' 여기서 고민하는 분들도 의외로 많다.

대기업의 장점은 회사 간판으로 평생 이직 가능!

중소기업의 장점은 처음부터 다방면의 치열한 업무를 하기 때문에 실전 무역의 대가로 성장!

스타트업의 장점은 자아 성취감과 뿌듯함이다.

월급과 복지에 차이가 있는 만큼 가고자 하는 길이 무엇인지 진지하게 고민해서 지원해야 한다.

✔ 무역 지식, 어디까지 알아야 취업에 도움이 될까?

취업하면 처음부터 배운다고 생각하면 된다. 단지 좀 더 빨리 배우느냐 좀 더 늦게 배우느냐의 차이인데, 알고 있는 무역 지식은 당연히 도움이 된다.

수출 중심인 부서라면 전반적인 수출 프로세스 정도를, 수입 중심인 부서라면 전반적인 수입 프로세스와 통관 절차 등 큰 흐름과 항목별 주요 업무만 알아도 큰 도움이 된다. 요즘은 유튜브나 블로그만 참고해도 유용한 무료 정보가 많기 때문에 자습으로도 충분하다.

◇ 회사가 중요하게 보는 무역 담당자의 필요 스킬 3가지

회사는 엄청난 능력자를, 구직자는 좋은 대우를 원하는 상황에서 합의를 보는 것이 취업이다. 취업 생태계를 보면 대리급 정도면 회사가 직접 뽑지만, 과장급 이상이면 헤드헌터라는 전문가들이 대신 구인하는 경향이 있다. 과장급 이상부터는 신중을 기해서 뽑겠다는 의미가 크다. 회사의 성격과 규모, 다루는 아이템마다 다르겠지만 공통적으로 중요하게 보는 요소가 있다. 신입이든 경력이든, 해외 영업, 해외 마케팅, 무역 사무 담당자든 꼭 갖춰야 하는 회사가 가장 중요하게 보는 능력은 무엇일까?

딱 3가지만 들어보자면, 외국어, 과거 했던 업무(무역 지식), 팀워크 및 커뮤니케이션 능력이다.

✔ 외국어

외국어 능력은 신입이나 경력에게나 다 중요하다. 당연히 영어를 의미한다. 무역이라는 것이 영어로 시작해서 영어로 끝나기 때문에 해외 영업, 해외 마케팅, 무역 실무 모두 영어가 기본이다. 그렇다면 일본어와 중국어 같은 제2외국어는 어떨까? 그 회사가 해당 나라에 진출하고 있다면 시너지 효과가 있겠지만, 아니라면 딱히 중요하진 않다.

외국어 실력은 절대 짧은 시간에 향상시키기 어렵다. 회사가 이를 기다려 줄 여력이 없기 때문에 처음부터 상당한 실력자를 원한다. 취업시장도 점차 어려워져서 능력도 안되는 회사가 엄청난 스펙을 요구하는 욕심을 보이기도 하지만 대부분 그렇다. 차이라면 취업 전에는 생활 영어에 가까웠던 수준이 취업 후에는 실전 영어로 바뀐다는 것!

그렇게 영어 덕에 능력을 인정받아 좋은 조건으로 이직하기도 하고, 회사 내에서 입지가 커지기도 하지만, 반대로 못하면 대략

낭패인 경우도 많다. 이메일, 전화 상담, 문서 작성, 시장 조사, 바이어 협상과 같은 무역의 기초 업무를 함에 있어 영어는 기본이기 때문에 못하면 스스로 스트레스를 받거나 주변의 압박으로 포기하는 경우도 많다.

그렇다면 어느 정도까지 실력을 키워야 할까? 회사마다 차이가 있다. 원어민 수준을 요하는 경우도 있지만, 업무의 특성을 자세히 보면 영어 능력보다 커뮤니케이션 능력이 더 필요한 경우도 있다. 그러나 커뮤니케이션 능력이 현실적으로 검증하기 어려운 능력인 만큼 대부분의 회사가 영어의 중요도를 높이고 있다.

✔ 과거 했던 업무(무역 지식)

과거 업무 이력이라면 신입의 경우 당연히 취업 전에 했던 인턴, 동아리활동, 공모전 정도일 것이다. 실제로는 '기! 승! 전! 외국어'다. 취업해 입사하면 무엇이든 리셋되어 새롭게 업무를 배우기 때문에 신입에게 과거 활동은 큰 의미가 없다. 단! 이 부분을 물어보는 이유는 팀워크와 회사 적응 능력을 탐색하기 위해서다.

만약 경력직이라면 어느 정도 무역 지식을 가늠할 수 있다. 경력직이 아니라도, 무역업의 특성상 기초적인 무역 지식은 알아야 한다. 실제로 무역 이메일, 무역 영어 회화, 무역 서류를 처리할 때 영어를 잘하지 못하더라도 무역 용어와 지식을 아는 것으로 어느 정도 업무 처리가 가능하긴 하다. 제조업 대표님들이 직접 바이어를 상담할 수 있는 이유도 여기에 있다. 그렇다면 무역 지식은 어느 수준까지 학습해야 할까?

무역 영어가 반복되듯, 업무 역시 그렇다. 그렇기 때문에 입사 초기에는 대략적인 무역 업무의 흐름만 알아도 충분하다. 나머지는 회사생활을 하면서 업그레이드하면 된다.

✔ 팀워크 및 커뮤니케이션

무역 업무 자체가 우리 회사와 해외 업체의 중간 채널 역할이 강해 친화력이 중요하다. 해외에서 문의가 들어오면 회사 내부 담당자에게 전달하고 회사에서 해외로 전달할 게 있으면 중간에서 조율하므로, 팀워크나 커뮤니케이션 능력을 중요하게 본다.

만약 경력직이라면 회사 입장에서는 업무에 투입되자마자 성과를 내기를 원한다. 그래서 거래 국가의 바이어 등 인맥 여부를 많이 보는데, 신입과 다르지 않게 업체 간 중간자로서의 컨트롤 능력도 중요하고, 외부에서 경력직으로 왔기 때문에 내부에서의 팀워크도 중요하다. 실력의 경우, 이전 회사에서의 담당 업무와 개인, 팀, 회사적 측면에서의 실적을 토대로 추측한다.

회사 내부 담당자와의 커뮤니케이션이 원만해야 문제가 빠르게 처리되고, 해외 업체와 커뮤니케이션이 잘돼야 매출 증대를 이루고, 클레임을 줄일 수 있다. 여기서 잊지 말아야 할 것은 신규 오더도 중요하지만, 오더 증진과 클레임 방지도 중요하다는 사실이다. 무역 영어, 무역 지식만으로 이 부분을 해결할 수는 없다. 무역 역시 사람이 관리하는 일이기 때문에, 커뮤니케이션 능력이 매우 중요하다.

✧ 무역 업무에서 커뮤니케이션 능력이 중요한 이유

영어의 비중만 두고 보면 다른 업종에 비해 해외 영업과 해외 마케팅 영역에서 영어 능력이 많이 필요하다. 회사에 취업할 때 영어 능력을 검증받지만 비즈니스 영어는 아니기 때문에 끊임없이 영어 공부를 할 각오를 해야 한다. 여기서 우리는 궁금하다. "영어만 잘하면 무역 업무를 하는 데 별문제가 없는 건가?"

영어는 아주 기본적인 조건이고, 영어와 더불어 가장 중요하고 필수적인 능력은 말했듯 커뮤니케이션과 팀워크, 즉 소통 능력이다. 이 능력은 어느 회사에서나 면접을 볼 때 당연히 요구하지만, 특히 해외(무역) 업무 담당자에게는 더욱 중요해 이 능력이 없다면 퇴사를 각오해야 할 정도다. 그 이유는 업무의 성격에서 그대로 드러나는데, 우리가 일반적으로 알고 있는 해외(무역) 업무는 빙산의 일각이라는 사실! 면접 때 잘 물어보는 질문이 있다.

"해외 영업은 무엇입니까?", "해외 마케팅은 뭐라고 생각하시나요?"

이럴 때 어떻게 답할 것인가? 아마 대부분 "'해외 영업'은 해외 업체에게 PT, 제품을 소개하고 무역 협상 등을 진행하는 일이고, '해외 마케팅'은 해외 광고 매체와 계약해 제품 홍보, 광고를 기획하는 일입니다."라고 답할 것이다. 틀린 답은 아니지만, 그렇다고 정답도 아니다. 실제 업무를 이해하면, 왜 커뮤니케이션 능력이 중요한지 알 수 있다. 실제 업무를 보자.

➡ 해외 영업과 해외 마케팅 직무는 회사의 컨택 포인트!

➡ 우리 회사와 해외 업체와의 컨택 포인트!

➡ 창구 역할이기도 하고 프리즘 역할이기도 하고!

➡ 문의 들어오면 회사 내부 담당자에게 전달하고!

➡ 회사에서 해외로 전할 게 있으면 해외에 뿌리기도 하고!

바로 철저한 중간자 역할이다. 그렇기에 중간에서 힘든 경우도 많다. 그런 상황에서 뛰어난 커뮤니케이션 능력은 필수다. 국내외를 연결해 주는 역할인 만큼 영어의 역할 역시 절대적이다. 영어를 못하면 절대로 업무를 볼 수가 없다. 상황에 따라 제2외국어가 필요한 경우도 있지만, 영어가 기본인 이유다.

◈ 해외 영업과 해외 마케팅의 현실적인 직무는?

'해외 영업'과 '해외 마케팅'. 대체로 공통점과 차이점을 고려하기보다는 해외에 관련된 일로 뭉뚱그려 생각하고 지원하는 경향이 많다. 심지어 구인하는 업체조차 구별하기를 어려워하는 경우가 많다.

무역 업무는 '해외 영업', '해외 마케팅', '무역 사무'로 구인 구직에 많이 나온다. '무역 사무'는 당연히 무역 서류인 인보이스, 패킹리스트, B/L, L/C 등 수출입을 위한 서류 업무 일에 집중하는 것에 반해 '해외 영업'과 '해외 마케팅'은 무에서 유를 창조하는 작업이다. "어떻게 하면, 해외 시장에 물건을 잘 홍보하고, 좋은 바이어를 만나, 좋은 가격에 많이 팔까?"가 핵심이다.

앞서 살펴보았듯 창구이자 프리즘 역할, 문의가 들어오면 회사 내부 담당자에게 전달하고 회사에서 해외로 추진할 일이 있으면 해외로 전달하는 철저한 중간자 역할이라 어떤 사람은 이것저것 다하는 잡부라는 이야기도 한다.

좀 더 구체적으로 보면 해외에서 주문이 들어오면 회사에서 사랑받지만, 납기 또는 품질에 클레임이 발생하면 바이어한테 욕도 먹는다. 신제품이 나오면 해외 홍보도 하고, 해외에서 바이어가 오면 의전하며, 해외 출장은 운이 좋으면 좋은 일로 가지만, 욕먹으러 가는 경우처럼 어려운 출장도 많다. 또, 시차 탓에 밤낮으로 일하는 경우도 많다. 여기서, 무역 취준생들이라면 궁금할 것이다.

"그렇다면 저는 '해외 마케팅'과 '해외 영업' 중 어디에 지원해야 하나요?"

중소기업에서는 작은 조직의 특성상 해외에서 발생하는 일은 다 맡아 한다고 생각하면 되고, 물론 대기업은 다르다. 그러나 공통점은 중간자 역할이라는 것! 그래서 면접 볼 때, 특히 외국어 능력과 회사 내 팀워크 능력을 따진다.

해외 영업, 해외 마케팅, 포워더, 무역 실무에 관심은 있으나 항상 마음속에는 영어(외국어)에 대한 고민이 많을 것이다. '꼭 영어를 잘해야 하나?' 하는 생각이 많이 들 것이다.

실제로 보면, 대기업에서는 회사의 대표 선수 몇 명이 바이어와 직접 만나 일을 해결하기 때문에 나머지는 뒷수습 업무를 본다. 중소기업에서는 바이어와 직접 만날 기회는 있지만, 대체로 사장님이 다 하시니 여기서도 뒷수습 업무를 본다. 그래서 '꼭 그렇게까지 높은 영어 실력을 갖춰야 하나?' 하는 불만도 분명히 있다. 정말, 업무의 영어 비중이 궁금하다.

결론부터 말하자면 영어를 못하면 일단 업무 자체가 불가능하다. 해당 부서에 들어가면 기본 업무라 볼 수 있는 이메일, 전화 상담, 비즈니스 미팅에서부터 당연히 영어가 필요하고, 무역 실무에서의 서류 작업에서도 영어가 쓰인다.

외국어는 다다익선이라고도 하고, 회사가 주력하는 지역과 국가에 따라 다르겠지만, 일단 영어 외의 제2외국어는 옵션 정도다. 실제로 취업 후 회사 내에서 인재에 대한 변별력을 영어로 가늠하는 경우도 많다. '영어를 잘한다 = 일을 잘한다'라고 생각하는 경향 말이다.

업무 영역에 따라 사용하는 단어도 다르고, 이에 적절한 비즈니스 회화 스킬도 배워야 하므로 업무를 하면서도 꾸준히 영어 실력을 관리해야 한다고 앞에서 이미 말했다. 그렇다면, 영어 점수와 자격증도 일하는 데 도움이 될까?

영어를 비롯한 외국어 공인 점수와 자격증은 입사하는 데는 당연히 도움이 된다. 단순한 서류 심사와 면접 심사에서는 업무적인 영어 능력을 평가하기가 어렵기 때문에 면접을 외국어로 진행하는 경우라도 객관적인 검증 자료는 필요하다. 독해, 회화, 작문 영역까지는 평가하기 어렵겠지만 말이다.

그렇다면 여기서 또 걱정되는 부분이 있다.
'무역 영어는? 비즈니스 메일 쓰기는? 비즈니스 회화는?'
이러한 실전에 대한 고민은 입사 후에 해도 늦지 않다!
입사를 하면 직무와 아이템에 따른 무역 용어가 천차만별이라 그때그때 자연스럽게 배우게 된다. 또한, 비즈니스 메일과 회화를 신입이 진행할 때는 상사로부터 첨삭 지도와 검토를 받는다. 미리 걱정할 필요는 없다.

◇ 취업 전후와 연차별 영어 비중

해외 영업과 해외 마케팅 분야의 인재를 뽑을 때는 신입직을 보는 관점과 경력직을 보는 관점이 다르다. 업무 보직에 따라 인재 활용도도 다르기 때문에 영어 능력을 보는 관점 또한 다르다.

아무리 영어를 잘해도 시험 영어, 문어체 작문, 구어체 회화, 여기에 해외 영업과 해외 마케팅에 필요한 비즈니스 회화를 다 잘할 수는 없는 만큼 연차별로 요구하는 능력이 각각 다른 것이다.

사실 신입사원을 뽑을 때는 회사 입장에서 진짜 영어 실력을 알 방법이 없다. 서류 심사로 보는 일차적인 영어 시험 점수로 검증하게 되고, 면접을 통해서도 검증하려 하지만 현실적으로 짧은 시간에 무역 전반에 걸친 영어 테스트를 하는 것은 무리다. 결국, 상황극이나 자기소개, 간단한 회화로 테스트할 수밖에 없다. 즉, '영어를 잘하는 사람을 뽑는다.'보다는 '최소한 이 정도는 할 수 있어야 한다.'라는 가이드라인 정도다. 그렇기 때문에 취업 전에는 무조건 영어 점수가 중요하다.

취업 후에는 해외 영업, 해외 마케팅이라는 업무 특성상 이메일을 자주 사용하게 된다. 해외 업체와 직접 통화하는 일은 거의 없고, 모든 것이 이메일 중심으로 돌아간다. 이때부터 비즈니스 이메일을 비롯한 고급 문어체 영어를 연습하게 되고, 무엇보다 이메일을 잘 써야 인정을 받는다.

여기서 우린 궁금해진다. "바이어와 상담하는 경우, 업무상 전화로 영어를 구사하는 경우, 어쨌든 영어 회화를 잘해야 하는 것 아닌가?"

이에 대한 답. 첫 번째, 만나서 영어 대화를 나누더라도 아주 민감한 이야기는 자제하고, 하더라도 이메일을 통해 다시 한번 확인한다. 두 번째, 만나거나 전화로 나누는 대화에서는 대개 자주 쓰는 말만 쓰기 때문에, 몇 문장만 외워도 영어 기본기만 있다면 큰 무리는 없다. 즉, 회사에 다니면서는 이메일 쓰는 연습을 정말 많이 해야 한다.

취업 후 이직할 때는 영어는 영어 능력이 비즈니스 회화 능력으로 바뀐다. 당연히 이메일을 잘 쓰는 것을 가정하고, 면접을 영어로 진행하는 경우도 많다. 이직 시기는 보통 5년 차 전후가 많은데, 업무 보직이 실적을 내야 하는 직급과 직책인 만큼 상담회, 전시회, 출장 등 실전에서 해외 파트너와 이야기를 나눌 기회가 많다. 영어 점수도 보겠지만 비즈니스 회화를 중심으로 인재를 뽑기 때문에 이직할 생각이 있다면 회화 준비를 많이 해야 한다.

✧ 면접 시 쉽지만 답하기 까다로운 질문들

이력서(서류 심사)는 나름대로 통과하는데, 면접에서 자주 떨어진다면 나의 면접 준비가 어땠는지에 대해서 곰곰이 생각할 필요가 있다. 면접관이 어떤 질문을 어떻게 하든 간에 면접은 다음을 검증하는 절차다.

➡ 영어를 잘하는가?

➡ 오래 다닐 사람인가?

➥ 회사와 잘 융합할 수 있는가?

➥ 금방 현장 투입이 가능한가?

아무리 좋은 능력을 갖고 면접을 잘 봤더라도 면접관이 경험을 중시하느냐, 외국어를 중시하느냐, 팀워크를 중시하느냐에 따라 당락이 결정되기도 한다. 그러므로 면접에 떨어지더라도 그것이 다 나의 능력 부족만은 아니라는 사실!

면접 시, 쉬운 질문이지만 답변하기 까다로운 질문 5가지를 살펴보자.

① 아무 주제나 영어로 말해보세요

해외 영업, 해외 마케팅, 무역 사무, 포워더 지원에서 영어 테스트는 필수로, 실무 면접 시 반드시 물어본다. 이전에는 자기소개를 외워 준비했다면, 지금은 자율 주제로 답하는 경우가 많다. 규모가 큰 회사일수록 영어를 상시 쓰지 않는 부서에서도 영어로 자기소개 정도는 한다. 만약, 제2외국어가 가능하다면 물어보지 않더라도 광고하는 것이 좋으며, 내용은 자신의 장점과 특기를 주제로 삼아 준비하면 된다. 스피킹 테스트의 의미도 있지만, 내용이 더 중요하다는 점을 명심하자. 면접관이 소개한 내용에 대해 다시 영어로 재질문을 할 수도 있다. 이때, 대답에는 일관성이 있어야 한다.

② 내가 어떤 사람인지 말해보세요

"자신에 대해서 말해보세요."

"자신의 장점과 단점을 말해보세요."

"자신의 성격에 대해서 말해보세요."

이렇듯 다양한 표현으로 스스로에 대해 어떻게 생각하는지를 질문한다. 결국, 나라는 사람이 왜 이 면접장에 있고, 왜 자신을 뽑아야 하는지에 대한 홍보 시간이라고 생각하면 된다. 말을 할 때는 항상 결론을 앞에 놓는 두괄식 표현이 좋다. 요즘 말로 '어그로'를 끌듯 임팩트 있는 강한 한 방이 필요하다. 면접관 입장에서는 여러 사람을 많이 만나는 만큼, 인상적인 내용과 표현을 더 기억한다는 사실! 기억에 남는 것이 곧 합격하는 길이다.

③ 우리 회사에 지원한 동기는?

대학교에 원서를 넣을 때, 해당 학과에 대해 잘 모르면서 '학과의 전망이 좋아 보여서', '성적에 맞춰서' 하는 식으로 지원하는 경우를 많이 봤을 것이다. 요즘 회사의 입장에서는 빠른 퇴사를 걱정 안 할 수가 없는데 일을 가르쳐서 이제 좀 제대로 맡길 때쯤 퇴사하면 회사도 손실이 크기 때문이다. 그렇기 때문에 어떤 생각으로 원서를 넣었는지를 확인하는 차원에서 동기를 묻는다.

④ 궁금한 것 있으면 물어보세요

항상 끝나기 전 이 한마디는 들어봤을 것이다. 지금까지 답하던 입장에서 벗어나 질문을 하라는 것이니 연봉, 복지 등 회사에 대해 알고 싶은 것을 최대한 물어보는 것이 좋다. 면접은 서로에 대해 알아가는 과정인 만큼 질문하기를 피할 이유는 없다. 인사 담당자에게 직접 구체적으로 명확하게 질문할 기회다. 회사 입장에서는 지원자가 최대한 많이 알고 만족스러워야 빠른 퇴사도 막을 수 있고, 면접관은 오히려 딱 부러진 질문들을 좋아한다는 사실! 물론 예의는 지켜야 한다. 편하게 말하라고 해서, 편하게 대해서는 안 된다.

⑤ 회사 일과 개인적인 일이 상충할 때 어떻게 할 건가요?

'갑작스러운 야근! 주말 호출! 해외 출장!' 이런 상황에서 회사가 중요한지, 개인 사생활이 더 중요한지를 물어 파악하려는 일종의 압박 면접이다. 딱히 정답이 없기에 사전에 미리 준비해야 한다. 어떻게 답하는가에 따라 지속적으로 말꼬리가 붙어 대화가 이어지는 만큼 일관된 생각을 갖고 표현하는 게 중요하다.

제일 안 좋은 답변은 왔다 갔다 말을 바꾸는 것! 자신의 생각을 명확하게 드러내는 것이 관건인 만큼, 철저한 사전 준비가 중요하다.

Part 02

무역 이직 준비하기 _____

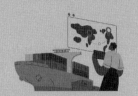

✧ 회사가 '3년 차 경력직'을 가장 선호하는 이유는?

"쓸 만한 사람이 없다!"

구인하는 회사들의 이런 이야기, 들어본 적 있는가? 대부분의 업체들은 신입보다는 업무에 바로 투입할 수 있는 경력직을 선호한다. 신입은 1년 이내 퇴사율이 높고, 경력직인 경우 1년에서 5년 사이가 딱 이직하기 좋은 시점이라고들 한다. 그중에서도 3년 차가 가장 인기가 높다. 과거나 지금이나 변하지 않는 것은 여러 이유로 대기업은 명예퇴직을 시켜서라도 신입사원을 뽑아야 하지만, 중소기업들은 경력직을 선호한다는 것이다. 왜 그럴까?

➡ "신입은 갈 곳이 별로 없다!", "신입을 안 뽑는데, 경력은 어디서 쌓나?"

회사 입장에서 보면, 신입을 챙길 시간과 여력이 없지만 경력은 현장에 바로 투입할 수 있다는 커다란 장점이 있고, 회사생활을 조금이라도 맛봤으며, 퇴사 경험도 있으니 또 쉽게 퇴사하긴 어려울 것이라는 생각이 지배적이어서다.

실제 신입사원들이 1년 이내에 퇴사하는 경우가 많은데, 그 경우 회사 내부의 문제라기보다는 개인의 문제라고 생각하기 때문에 구인 회사에서는 이 이력을 부정적으로 보는 경향이 강하다. 그래서 필자는 말한다. "1년만 버티고 이직해라!"

취업은 보통 취업포털 사이트에서 회사가 직접 공고를 내고 뽑는 방식이 보편적인데, 3년 차 이상은 회사가 직접 뽑기도 하지만 연차가 올라갈수록 헤드헌터를 이용하는 경우도 많다. 연봉 대비 효율, 즉 일종의 가성비가 좋아서다. 회사가 봤을 때는 경력자들은 업무적인 부분에서 최소 한 번의 사이클을 경험해 봤고, 전부 담당하진 못했더라도 웬만한 보조 역할과 전반적인 업무 흐름 숙지는 되어 있다고 판단한다. 쉽게 말해, 시행착오 없이 바로 현장 투입이 가능한 것이다!

직무 외적인 부분에서는 인성, 성격, 대인 관계 부분도 고민하는데 일단 회사는 이직을 결심한 만큼 빠른 퇴사는 없을 거라고 기대한다. 통계를 보면 기업 10곳 중 6곳이 경력직원 채용 시 평판 조회를 하는 것으로 나타났는데, 평판 조회에서 확인하려는 부분은 인성과 성격이 55.6%, 동료와의 대인 관계가 48.1%였다. 회사 입장에서도 검증을 위해 노력하는 것이다.

결국 짧은 경력이어도 선호하는 이유는 직무와 인성적인 요소에서 어느 정도 불안 요소를 해결할 수 있기 때문이라고 볼 수 있다. 그렇다면, 3년 이상인 경우에는 어떨까?

3~5년 이상 된 경력자의 업무 능력이라면 메인 업무를 단독으로 진행할 수 있다는 것이 커다란 장점일 것이다. 해외 영업, 해외 마케팅 분야에서 가장 어렵다는 바이어 발굴 또는 판로 업무, 해외 시장 분석을 통한 제품 기획, 전시회를 비롯한 각종 현장 마케팅 기획, 다양한 클레임에 대한 대처 능력! 업무 능력으로만 보면 혼자서 공격과 수비, 북 치고 장구 치고를 다해야 한다. 회사 입장에서는 매출을 직접적으로 내는 역할을 맡아 많은 연봉을 주는 만큼 심사숙고할 부분이 많다.

즉, 정리하면 1~5년 사이가 가장 이직 가능성이 높다. 그 이유는 1년 미만은 회사(조직) 부적응이라는 딱지가 붙을 가능성이 높고, 5년 이상이면 연봉 대비 높은 매출과 실적을 내야 하기 때문에 구인과 구직 모두 쉽지 않은 게 현실이다.

❖ 신입사원이 1년 안에 퇴사하는 이유는?

취업하는 데 관심이 많은 만큼 퇴사자도 많다는 사실! 1년 안에 퇴사하면 주위 사람도 이상하게 본다는데 1년 안에 퇴사하는 신입사원이 무척 많다. 어렵게 늘어갔지만 조기 퇴사를 선택할 수밖에 없는 이유에 대해서는 퇴직자와 회사 사이에 분명한 입장 차가 있어서다.

- ➡ 신입사원 입장에서는 대인 관계와 회사 분위기!
- ➡ 회사 입장에서는 연봉과 업무!

'적성에 맞지 않아서' 등 개인적인 문제로 하는 퇴사라면 덜 억울하지만, 외적인 요소로 인한 결정이라면 그만큼 억울한 것도 없다. 특히 신입 같은 경우에는 외부에서 보는 회사의 모습과 내부에서 직접 겪으며 본 회사의 차이가 크면 클수록 퇴사를 많이 한다.

신입사원이 퇴사를 고민하다 결심하는 기간은 입사 3개월 전후가 가장 많다고 한다. 그 이유는 연봉보다는 사람 때문인 경우가 많다. 과거에는 퇴사와 이직 사유가 연봉 중심이었다면 지금은 대인 관계와 회사 분위기의 영향이 크다는 것이다. 그런데, 입사 전에는 회사의 내부 상황을 알기가 상당히 어렵다.

면접에서 만난 면접관이 설사 마음에 들었다 하더라도 그가 같이 일할 사람은 아니다. 즉, 취준생이 입사 전 알아봤던 모든 정보와 자료는 데이터일 뿐이며, 현실적인 내부 상황인 대인 관계와 회사 분위기는 겪기 전에는 전혀 알 수 없다. 그렇게 입사했는데, 입사 후 큰 차이를 느낀다면 상당히 충격이 클 것이다.

퇴사 이유가 '적성에 안 맞아서.'라고 하는 경우에도 실상을 보면 사내 정치, 조직문화, 대인 스트레스인 경우가 허다하다. 특히 해외 영업과 해외 마케팅 업무는 직무 자체가 해외 업체와의 중간자 역할이 큰 만큼 대인 스트레스가 더욱 크게 다가온다.

그래도 "1년은 버텨라."라는 말이 있는 이유는 말했듯 1~5년 사이가 이직하기 딱 좋은 시기이기 때문이다. 이 정도의 경력을 원하는 회사 입장에서는 신입보다 월급을 조금 더 주더라도 경력직 채용이 회사에 크게 유리하다고 판단한다.

여기서 취준생들은 갈등한다. '이직할 때까지 참자 vs 퇴사는 빠르면 빠를수록 좋다.'

최근에는 기업에서 구인 공고를 낼 때, 가족(?) 같은 분위기를 상당히 강조하기도 한다. 회사 입장에서도 기껏 뽑은 사원이 1년 안에 퇴사하면 물심양면으로 손해를 많이 보기 때문이다. 결국 퇴사는 회사나 취준생 모두가 공통으로 느끼는 부담이라고 볼 수 있다.

◇ 취업을 위한 회사 검증은 어떻게 해야 하나?

많은 사람이 첫 직장으로 대기업을 원한다. 당연하다. 월급과 수당이 많고, 복지도 좋으며, 이직하거나 결혼할 때도 유리하기 때문이다. 겉으로 드러난 많은 장점으로 우리는 대기업을 선호한다.

대개 기업에 대한 정보를 블로그, 유튜브, 카페 같은 곳에서 많이 얻는데, 이때는 현직자나 퇴직자의 인터뷰에 공감하기도 하지만 각각 처한 상황이 다르기 때문에 100% 자신에게 맞는 이야기가 아니라는 것도 안다. 그래서 기회가 있을 때 직접 확인하는 방법이 가장 좋다. 그것도 가급적 많이.

기업에 대한 검증! 어떻게 할 수 있을까?

제대로 하려면 무엇보다 면접이 가장 좋은 방법이다. 면접을 통해서도 의외로 나에게 맞는 기업을 모색할 수 있고 그 반대인 기업도 찾을 수 있다. 그래서 일단 면접은 가급적 가는 것을 권한다.

회사 입구에서부터 회사 분위기, 직원들의 표정, 청결 상태는 회사에 대한 객관적인 인상을 갖게 하고, 면접을 진행하다 보면 '면접관이 명확하고 정확하게 답변해 주는가?', '사람을 존중하는 회사인가?', '돈에 움직이는 회사인가?', '사원과 같이 성장하는 회사인가?' 등의 주관적인 느낌을 확인할 수도 있다.

특히 중소기업 면접 후기를 보면 '빛 좋은 개살구', '면접비를 안 주는 것이 불만스러움', '멀리까지 왔는데 면접은 금방 끝남', '면접관의 성의 없는 태도에 짜증이 났다.', '막상 보니 혹시나 했는데 역시였다.' 등의 다양한 이야기 속에서도 오히려 면접을 본 뒤 생각이 긍정적으로 바뀌었다는 후기도 있다.

요새는 대기업 출신들이 모여 알짜배기 회사를 창업하기도 하고, 의외로 외부에 알려지지 않은 내실 있는 중소기업도 많기에 의외성은 항상 존재한다. 결국, 누구보다도 나에게 맞는 회사를 찾는 것이 중요하다.

아마 중소기업에 다닌 경력으로는 대기업 이직이 불가능하다는 불안한 이야기도 들어봤을 것이다. 하지만, 내 실력이 부족해서 대기업으로 이직을 못 하는 것이지 중소기업 출신이라고 무조건 못 가는 것은 절대 아니다. 지금 당장 대기업으로 갈 여건이 안 된다면 중소기업에서 역량을 키워서 가는 것도 하나의 방법이다. 그렇다면 대기업과 중소기업의 업무적 차이는 무엇일까?

➠ 대기업에서는 큰 조직의 작은 부속품 업무!
➠ 중소기업에서는 작은 조직의 완제품 업무!

대기업의 단점이라면 부속품 역할이 많아서 전반적인 업무를 파악한다기보다는 부분적인 업무에 매달리는 시스템이지만, 중소기업에서는 한 명 한 명의 맨파워가 중요하기 때문에 재량권도 많고, 실력을 업그레이드할 기회도 많다. 중소기업 출신은 대개 제품 기획부터 영업, 마케팅, 사무까지 전반적인 업무 경험을 가지고 있다. 즉, 중소기업에 다녔다고 해서 대기업 경력직으로 이직을 못 하는 것은 절대 아니라는 것!

우리가 회사를 결정할 때, 회사 간판, 직무, 월급, 복지를 주로 고민하는데, 이 중 가장 고민해야 할 것을 꼽으라면 '향후 나의 직무 역량'이다!

해외 영업, 해외 마케팅, 무역 사무, 포워더라는 다양한 직종에서 내가 어떤 길을 갈지 정확히 구상하고 그 길로 꾸준히 업그레이드해 가면 경험과 경륜을 쌓을 수 있다. 어디서든 '회사는 바뀌어도 나의 직무는 바뀌지 않는다!'라는 마인드로 조금씩 커리어를 쌓다 보면 기회는 온다. 단, 보직과 상관없이 회사를 선택한다면 현실적으로 보직 변경이 굉장히 어렵기 때문에 경력이 꼬일 수 있다. 첫 시작이 중소기업이라도 오랜 공백기를 가지는 것보다는 낫고 이직할 생각이 있다면 경력 관리가 중요하다!

어느 곳에나 기회는 있다. 스스로 하기 나름이다.

◇ 취업 후 알게 되는 대기업 vs 중소기업 퇴사 이유

취업에 있어서 가장 큰 고민은 대기업이냐 중소기업이냐다. 하지만, 앞서 말했듯 어떤 학문을 전공하고, 어떤 대학을 나오고, 어떤 능력을 갖춰야 대기업에 입사하는지 알기 전에 각각의 근무 환경과 그 안에서 만들어질 자신의 미래에 대해 고민해 봐야 한다.

그러나 첫 취업이기 때문에 경험해 보지 않은 이면에 뭐가 있는지는 잘 모를 것이다. 사람들은 주로 어떤 이유로 퇴사를 고민하고 결정할까?

일단 연봉과 대략의 업무는 알고 입사하기 때문에 상대적으로 이 부분에서 충격을 받을 일은 적다. 실질적인 퇴사 변수는 팀 분위기, 팀장이나 사수의 스타일, 회사의 시스템 등이다. 이걸 통틀어 '근무 환경'이라 칭할 수도 있는데, 입사 전에는 절대로 알 수 없는 부분이라 충격과 스트레스가 크다.

대기업은 회사 부품이나 일하는 로봇이 되었다는 느낌을 많이 받는다고 한다. 직급이 오른다고 해도 결정권이 적어 거기에 따르는 성취감도 적다. 한마디로 대기업은 나 대신 누군가가 들어와도 회사가 잘 굴러갈 수 있는 조직력을 중시하기 때문에, 이런 조직과 성격이 맞지 않아 퇴사하는 경우가 많다. 이에 반해, 중소기업은 혼자서 다 해야 해서 힘들어 포기하는 경우가 있지만, 어느 정도의 결정권과 이에 따른 책임과 성과가 있기 때문에 그 맛에 오래 다니는 사람도 있다. 업무적으로 보면 중소기업은 나로 인해 오더가 발생하기도 하고, 나로 인해 오더가 날아가기도 하며, 나로 인해 클레임이 발생하기도 한다.

그렇기 때문에 중소기업에서는 능력 있는 한 사람이 퇴사하면 회사가 절대적인 타격을 입는다. 그래서인지 의리로 다니는 경우도 많다. 중소기업에서 사람을 뽑을 때 오래 다닐 사람인지를 보는 것에 비해 대기업은 조직 내 융화성을 본다.

반면, 대기업에서 느끼지 못하는 중소기업의 스트레스는 자금 집행, 잡무, 워라밸, 복지다. 대기업은 결재만 받으면 언제든지 협력업체에게 자금을 집행하기가 어렵지 않지만, 중소기업은 회사에 자금이 부족하다 보니 줄 돈이 없는 경우도 있어서 스트레스를 받기도 하고, 인력에 여력이 없다 보니 잡다한 일까지 다 하기도 하며, 조직력이 없어 워라밸과 복지는 꿈도 못 꾸는 경우가 허다하다.

이와는 다른, 퇴사를 결정하게 하는 대기업의 업무 외적인 스트레스 요인이 있다면 팀 내 경쟁과 사내 정치, 불편한 분위기 등이다. 예를 들어 승진 경쟁에서 누락되는 경우 자의 반 타의 반으로 퇴사하기도 한다. 퇴사 후 대기업 출신들의 최대 장점은 죽을 때까지 평생 대기업 출신의 간판을 이력서에 넣을 수 있다는 것과 어딜 가나 대접받는 느낌으로 이직에도 유리하다는 것이다.

그렇다고 첫 직장이 중소기업이어서 평생 중소기업만 다니게 될 거라고 걱정할 필요는 없다. 경력직을 뽑을 때는 대기업도 중소기업을 거친 인재를 많이 선호한다. 여러 업무 능력이 뛰어나 회사의 시스템만 익히면 금방 성과를 낼 것이라고 판단해서다. 그렇기 때문에 해외 영업, 해외 마케팅, 무역 사무 등 분야를 이것저것 옮기지 않고 분명한 색깔을 낼 수 있는 한 우물만 판다면 언제든지 기회는 있다! 모든 건 나의 개인 능력이 좌우한다! 명심하자.

◇ 신입과 경력! 연차별 회사에서 원하는 스펙은?

어렵게 입사했지만 신입은 1년 미만으로 퇴직하는 경우가 많고, 이직은 1~3년 차, 3~5년 차, 5년 이상으로 보통 하게 된다. 말했듯, 연봉, 업무 추진력, 경험적 측면에서 3~5년 차가 가장 선호되는데, 연차에 따라 회사가 요구하는 스펙도 다르다.

✔ 신입사원(취준생)을 뽑을 때

토익, 토플 같은 영어 점수와 회사 적응력(커뮤니케이션 능력)을 중점으로 본다. 중소기업의 경우, 회사에 적응을 못 해서 퇴사하는 경우도 많은 만큼 적응력을 중점으로 본다. 하지만, 겉으로 드러나는 것은 영어 점수이기 때문에 신입으로 지원할 때는 무조건 점수를 높이는 게 중요하다.

✔ 1~3년 차 경력직을 뽑을 때

비즈니스 회화와 무역 지식을 많이 본다. 가장 왕성한 대외활동을 해야 하기 때문에 비즈니스 회화는 기본이고 전반적인 무역 프로세스와 지식을 갖추고 있어야 한다.

✔ 3~5년 차 경력직을 뽑을 때

영어 능통성과 실전 경험을 중점으로 본다. 단순 비즈니스 회화를 넘어 능통한 영어 능력을 원한다. 다양한 실전 경험을 바탕으로 바이어를 바로 끌어올 수 있는지를 본다.

✔ 5년 차 이상 경력직을 뽑을 때

네이티브 수준의 영어 실력을 원하고, 기존뿐 아니라 새로운 해외 비즈니스를 기획할 수 있는지를 본다. 즉, 무에서 유를 창조하는 능력과 회사의 조직 관리 능력을 본다.

취업과 이직 시 영어 능력이 큰 비중을 차지한다는 것을 역시 알 수 있다. 회사 입장에서는 공인된 영어 점수에서 시작해, 비즈니스 회화, 영어 능통, 그다음 네이티브 수준까지 원하기 때문에, 입사를 하든 이직을 하든 스트레스를 받지 않고 인정받으며 일하고 싶다면 영어 실력은 꾸준히 업그레이드해야 한다.

✧ 대기업 이직 준비! 언제 어떻게 해야 할까?

대기업 취업을 희망하지만 현실의 벽이 높다면 취업 준비생으로 남을 것인지, 중소기업 취업을 모색할 것인지, 또 다른 선택지가 있을지 고민하게 된다.

하지만 앞서 말했듯, 대기업에서 중소기업 출신도 의외로 많이 뽑고 좋게 본다는 사실! 그러므로 처음부터 중소기업 취직을 멀리할 필요는 없다. 대기업에도 중간 퇴사자가 발생하고, 새 부서를 신설함에 따라 얼마든지 부족한 인력을 뽑게 된다. 그럴 때 당연히 100% 대기업 출신들만 뽑지 않는 이유는 대기업의 약점이라고도 하는 업무 경험치를 중소기업 출신들이 보유한 경우가 많기 때문이다. 그렇다면 대기업 이직 준비에 있어 반드시 고려해야 할 것은 무엇일까?

✔ 나이

우리나라의 노동시장은 미국처럼 유연하지 않다. 회사가 나이를 고려하는 이유는 문화적 특성상 선후배의 나이 차이에 따른 회사 내 분위기, 연봉 차이의 문제를 들 수 있다. 또 다른 하나는 자연스럽게 따라붙는 면접관의 인식이다. 나이 먹고 경력이 없을 때 "그동안 뭐 했어요?"라는 질문은 꼭 나온다. 나태함을 꼬집는 말이다. 분명히 알아야 할 것은 어쩔 수 없이 대기업 면접에서 떨어지더라도 그게 곧 대기업 이직을 포기하라는 뜻은 아니라는 것이다. 중소기업에서 경력직으로 대기업에 가려면 업종마다 다르긴 해도, 반드시 한 번의 기회는 생기기 마련이다. 그러니 그 기회를 잡기 위해 준비하면 된다.

✔ 경 력

이직을 염두에 둔 경력은 3~5년 차가 가장 좋다고 말했다. 헤드헌터가 아주 좋아하는 시기이기도 하고, 어떻게 보면 수요와 공급이 만나는 황금 시기라고도 볼 수 있다. 회사 입장에서 보면 가성비가 극대화된 경력임엔 틀림없고 능력적인 측면이나 회사 적응 측면, 연봉 측면에 최적화된 경력임을 의심하진 않는다.

경력직으로서 이직 황금기에 이직의 기회를 잡고 싶다면 가장 중요한 것은 '일관된 경력 관리'! 속칭 물경력은 안 된다. 흔히 "한 우물만 판다."라고 말할 때의 그 경력이 필요하다. 실제로 기업들이 중구난방식 경력이 많아 뽑을 사람이 없다고 하소연하는 모습을 많이 본다. 이제는 내가 브랜드가 되는 세상이다. '나는 무엇이다'에 관한 정확한 명제가 완성되어야 이직의 가능성도 높일 수 있다.

Part 14. 무역 초보자를 위한 마지막 팁

Chapter 5

무역 교육

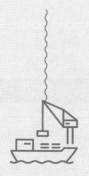

Part 01

무역 초보자들을 위한 마지막 팁 ___

✧ 무역은 쉽고 단기 속성도 가능하다?

무역에 관심이 있다면 "무역은 쉽다.", "누구나 빠르게 익혀서 할 수 있다."라는 말을 자주 들어봤을 것이다. 특히 강의 홍보나 책 선전에서 많이 보이는 문구다. 정말일까?

사실 막상 해보면 무역은 상상 이상으로 어렵다. 누구나 무역 공부를 시작할 수 있지만, 누구나 쉽고 빠르게 잘할 수는 없다. 무역에서는 두 개의 이해 집단이 협상과 조율을 통해 계약을 끌어내는 것이 핵심으로, 영원한 승자도 패자도 없다. 오늘은 내가 이익을 볼 수도 있지만, 다음에는 손해를 볼 수도 있다. 철저한 경험적 사고와 판단이 따르는 영역이기 때문에 짧은 시간에 마스터하기란 불가능하다. 과거의 컴퓨터 게임에 비유하면, 사람과 프로그램 간의 대결이라 충분한 시간만 투자해 익히면 짧은 시간에도 승산이 있었다. 그러나 무역은 사람과 사람이 만나서 벌이는 격투 게임 같아서 100%의 승패를 점칠 수가 없다.

무역 용어, 비즈니스 영어, 업무 프로세스는 대부분 정형화되어 반복적으로 진행되기 때문에 한 번만 학습해도 내용이 파악되고, 여러 번 반복하면 암기 수준으로 습득할 수 있다고 대부분 말한다. 하지만 한 분야 파트, 즉 무역 실무 파트만 전문적으로 소화했다면 그 파트의 전문가일 뿐이다.

그래도 한 분야에서 5년 정도 일하면 그 업무를 좀 안다고 인정받는데, 무역에서는 전반을 제대로 이해하기까지 더 많은 시간이 필요하다. 그런데 이를 고작 며칠 안에 마스터하는 것이 가능하겠는가? 꼭 필요한 것만 뽑아서 배운다면 시간을 단축할 수 있을지도 모르지만, 수박 겉핥기식 무역 공부에는 한계가 따른다.

그렇기 때문에 무역을 배우려면 일단 '무역은 어렵다.'부터 시작해야 한다. 그 배경에는 '해외 판로', 즉 바이어 발굴이 있다. 취미로 배우는 게 아니라면 반드시 실적을 내야 하고, 실적을 내려면 바이어 발굴과 해외 판로에 대한 이해가 바로 서 있어야 한다. 무역에서 중요한 바이어 협상 전략, 이메일 작성법, 성공적인 해외 마케팅, 현지 시장 조사 방법, 바이어의 입장에 대한 이해처럼 다양한 이슈에 대한 경험도 지녀야 한다.

특히 바이어 발굴과 해외 판로는 아이템과 해외 지역에 따라 마케팅과 홍보, 영업 전략이 다르기 때문에 100% 경험에 의존해야 한다. 어떤 교육 프로그램으로도 배우는 것이 불가능하고 자신의 상황에 맞는 최적화된 강사와 멘토를 찾기도 쉽지 않다. 즉, 무역에서는 속도보다는 기초 이론과 실전적 꼼꼼함이 중요하다. 그만큼 기초적인 내용도 제대로 정확히 알고 시작해야 시행착오를 줄인다.

✧ 무역 생초보자는 어떻게 무역 공부를 시작해야 할까?

수출을 하든, 수입을 하든, B2B를 하든, B2C를 하든 무역은 하나의 과정일 뿐이다. 즉, 무역은 수출자와 수입자를 연결해 주는 과정이자 도구의 역할을 한다고 볼 수 있다. 무역 분야가 처음이라면 일단 시작해서 그때그때 경험과 지식을 쌓는 것이 가장 좋지만, 그보다 효율적인 방법은 기초 교육부터 선행하는 것이다.

무역에 관심을 갖는 경우로는 무역 취준생, 무역업을 처음으로 시도하는 제조사, 무역 예비 창업자 정도를 들 수 있는데, 누구나 처음에는 시작하기가 참 난감하게 느껴진다. 무역에서는 지식의 양보다 경험치가 중요한 만큼 실전 사례가 필요한데, 무역을 처음 접한 사람들에게 그런 경험이 있을 리가 없다. 그래서 교육을 통한 기초적인 지식과 간접 경험이 우선시되어야 한다. 여기서 '기초적인 지식'을 쌓기 위해서는 무역의 전반적인 흐름을 배울 수 있는 무역 아카데미 정도를 추천할 수 있는데, 가능하면 내가 잘하고자 하는 분야를 비슷하게 다루는 커리큘럼과 강사를 찾는 것이 좋다.

교육 중에는 종합반 성격의 무역 아카데미 외에 전문성을 강화한 단과반 성격의 강좌도 있다. 만약 정 시간이 없을 경우, 유튜브와 블로그에서 정보를 취득하는 것도 방법이다. 해외 영업, 해외 마케팅, 무역 사무 취업에 관심 있는 취준생이라면 회사가 특별히 자격증을 요구하지 않는 이상 무역 아카데미 정도로도 충분하다.

그렇다면 이론 공부는 얼마나 해야 할까?

가끔 실전 없이 수업만 계속 듣는 학습자도 보는데, 한 번 들은 다음 실전에 들어가는 것을 권장한다. 언급했듯, 무역은 실전과 경험을 통해 학습되는 부분이 크기 때문에 더 구체적인 무역 지식은 일을 진행하면서 그때그때 필요한 정보를 습득하는 방식을 취하는 것이 좋다.

무역 이론은 정형화되어 있어서 어떤 수업을 듣든 비슷하다. 무역 취준생이거나 무역업을 처음 시도하는 업체라면 당연히 무역 아카데미 종합반을 듣는 것이 좋을 것이다. 전반적인 이론만 알아도 일을 시작하기가 어렵지 않아서다. 하지만, 무역 창업의 경우라면 약간 다르다. 무역 지식보다는 아이템과 판로를 우선시해야 한다. 무역 초보 기업 중 아이템은 있지만 수출에 대해 괜히 겁을 먹는 업체들이 많은데, 말했듯 무역 아카데미 수업을 한

번 듣고 틈틈이 필요한 것을 익혀도 충분하다. 실전과 경험을 쌓으면서 구체적이고 전문적인 지식은 담당 포워더, 세무사, 관세사, 변리사와 상의해 현 업무와 접목시키면서 배우는 것이 가장 쉽고 빠르다.

✧ 초보자를 위한 무역 강좌에는 무엇이 있을까?

무역을 대학에서 전공해 배우는 경우도 있지만, 취업 전에 잠깐 맛보기로 접할 뿐이고, 회사에 입사해 혼나가며 배우는 경우가 대부분이다. 이론과 실전은 또 다르기 때문이다. 하지만 그렇다고 하더라도 무역 취업이나 창업 전에 무역에 대한 실전 지식(사례, 이론)을 배운다면 아무래도 상당한 도움이 된다.

흔히 접근할 수 있는 무역 강좌로는 유료와 무료, 온라인 강좌와 오프라인 강좌, 기관에서 주관하는 강좌와 사설 강좌가 있다. 이는 수준에 따라 초급, 중급, 고급 과정으로 나누어진다.

무료 강좌는 정부기관과 지자체에서 주관하고 나름 검증된 강사를 초빙해 강의를 하는 방식이다. 수준별, 분야별 강좌, 종합반 성격의 무역 아카데미 강좌 등 커리큘럼이 다양하다. 무료 강좌라고 '싼 게 비지떡'이라고 말할 수는 없는데, 수강은 무료지만 강사들이 그 기관에서 강사비와 멘토링비, 컨설팅비를 따로 받기 때문에 교육 퀄리티는 상당히 높다. 강사를 선정할 때는 커리큘럼 외에 다음 요소를 고려하자.

➡ 나와 비슷한 업태, 업종인지?

➡ 나와 비슷한 환경인지?

➡ 나와 비슷한 아이템과 타깃 시장을 다루는지?

최대한 내 상황과 비슷해야 간접 경험을 통해 큰 효과를 얻는다. 또, 전반적인 무역 이론과 지식, 경험은 회사에 입사해 짧은 시간에 숙지할 수 있지만, 영어는 절대 불가능한 영역이기 때문에 무역 업무로 취업하려면 영어에 진심이어야 한다.

✧ 외국계 기업에서 '해외 영업' 직무란?

무역 관련 취업을 고려하다 보면, 외국계 해외 영업직도 생각하게 된다. 이는 탄생 배경이 있는데, 외국에 본사를 둔 기업이 한국에 들어오는 가장 큰 이유는 한국 시장을 겨냥해서일 것이다. 그렇기 때문에 외국계 기업에서 해외 영업직이 주로 하는 일은 국내 영업이다. 글로벌 회사답게 전 세계 웬만한 곳에 이미 지사, 공장이 세팅되어 있기 때문에 해외에서 바이어를 찾을 일은 없다.

즉, 글로벌 외국계 회사에서는 해외 영업보다는 해외 글로벌 지사와의 내부 거래를 위해 주로 영업 관리 인력을 뽑는다. 오더 관리 차원이 강하므로 우리가 쉽게 인식하는 해외 영업 직무와는 거리가 있다. 대부분 영업보다는 해외의 각 지사, 공장과 필요한 자원을 주고받는 내부 거래가 많이 이루어지기 때문이다. 예외적으로 지사가 없는 지역에 영업을 하는 경우도 있긴 하지만 극히 드물다. 하지만, 이러한 글로벌 회사가 아닌 무늬만 외국계인 회사들은 우리가 알고 있는 해외에 나가 바이어를 찾는 활동을 하는 해외 영업직원을 뽑는 만큼, 무역 취준생들은 직무 요강(job description)을 꼼꼼히 보고 지원해야 한다.

✧ 해외 출장! 꿈 vs 현실 차이는?

무역 취준생 입장에서는 공짜로 해외에 나간다는 기대감과 해외 업체와 하는 미팅에 살짝 설레기도 하여 무역 부서에 지원하는 경우가 꽤 있다. 그런데, 현실적으로 보면 대기업과 중소기업의 출장에는 차이가 있다.

대기업은 현지 지사와의 업무 조율로 대리급 이상(보통은 과장급)이 가는 경우가 대부분이다. 단독으로 가는 경우도 있으나 자주는 못 간다. 업무 조율 건 정도는 화상회의로도 충분히 진행 가능하고 한번 출장으로 자리를 비우면 돌아왔을 때 업무량이 어마어마하게 쌓여 있기 때문이기도 하다. 물론 출장비와 숙박비의 경우, 회사 내부 규정이 마련되어 있다. 회사의 운명을 거는 무역 대금 문제, 클레임 문제, 오더 문제를 다루지 않는 경우가 많기 때문에 심적 부담은 덜하다. 시간 관리만 잘하면 간단한 산

책도 가능하다.

그렇다면 중소기업은 어떨까? 일단 대기업과는 다르다. 중소기업에서 해외로 출장 가는 경우는 전시회 참가, 해외 바이어(대리점)와의 클레임 조율, 신규 오더(또는 repeat order) 건인 경우가 많다. 담당자의 성격보다는 임원진의 수행비서 격으로 많이 간다. 불편한 점도 있겠지만, 성과에 대한 스트레스는 당연히 적다. 물론, 어느 정도 직급이 있다면 단독으로 갈 기회도 당연히 있다. 출장 기회만 두고 본다면 중소기업에서는 대리급이 아니더라도 일반 신입으로서도 출장의 가능성이 열려 있기 때문에 실력을 쌓기엔 좋다. 전시회만 하더라도 1년에 한 번 이상은 가기 때문이다.

전시회는 누구나 아는 것처럼 영업과 마케팅 부분의 비중이 높아 참가하면 실무적인 능력과 센스가 많이 성장한다. 회사 조직보다는 개인의 역량에 의해 성과가 나오는 구조라 나름 재미도 있다.

단점이라면 당연히 부족한 출장비와 개인 시간이 없다는 점이다. 대기업과 비교해 중소기업의 복지가 많이 부족한 것은 사실! 반면에 실력을 쌓을 기회가 많다는 것도 사실이다. 전시회 외에도 클레임과 신규 오더 문제로 출장을 가는 경우가 많기 때문에 업무에 대한 스트레스가 큰 만큼 개인 역량도 성장한다. 또, 대기업에서 못 하는 경험을 중소기업에서 많이 한다는 사실을 대기업도 잘 알기 때문에 대기업으로의 이직 기회가 많은 것도 사실이다.

부록. 실전 무역 영어

✧ 무역 회사에서 자주 쓰는 전화 영어 표현

인사 및 기본 표현

- (전화 받을 때) Hello, Lisa speaking. 안녕하세요. 리사입니다.

- (전화 걸 때) Hello. This is Lisa. 안녕하세요. 리사입니다.

- Who is calling? / Who is speaking, please? 누구세요?

- May I have your name, please? 이름 좀 알려주시겠어요?

- Can you talk now? 지금 통화(대화) 가능해요?

- Is this a bad time for you? 통화(대화)하기 어렵나요?

- I can not hear you well. Could you say that again? 잘 안 들려서 그러는데, 다시 한번 말씀해 주시겠어요?

- Could you make it short? 간단히 말해주시겠어요?

약속

- When would be a good time? 언제 시간 되세요?

- How is 2PM for you? 2시 어때요?

- That would be fine. 좋아요.

통화 요청

- I would like to speak to Smith, please. 스미스 씨랑 통화하고 싶어요.

- May I speak to Smith? 스미스 씨랑 통화할 수 있을까요?

- Hold on, please. / One moment, please. 잠시만 기다려주세요.

- Thank you for holding. 기다려 주셔서 감사합니다.

부재 시

- I am off today 오늘 쉬는 날이에요.

- He is not in now. 그는 지금 자리에 없어요.

- He will be back around 5. 5시쯤 오실 겁니다.

- He is in a meeting now. 그는 지금 미팅 중입니다.

- He is on business trip at this moment. 그는 지금 출장 중입니다.

- When will he be back? 그는 언제 돌아올까요?

- Do you know when he will be in? 언제 돌아오는지 아시나요?

- Can I call you back? 다시 전화해도 될까요?

- Could you call again later, please? 나중에 다시 전화해 주시겠어요?

- Can I take your message? 메모 남기시겠어요?

- Can I leave a message? 메시지 남겨도 될까요?

- Please, send him a message. 메시지 좀 전해주세요.

- Please, call me when he comes back. 그가 돌아오는 대로 전화 좀 주세요.

업무 요청

- If possible, send an email, please. 가능하면 메일로 보내주세요.

- Would you send me the information by email? 그 정보를 이메일로 보내줄래요?

- Can you deal with that for me? 그것 좀 처리해 줄래요?

- Check the email, please. 이메일 좀 확인해 주세요.

- I am calling to check if you got my email. 당신이 제 메일을 받았는지 확인하려고 전화했어요.

- It is about the business trip next week. 다음 주 출장 건에 대한 겁니다.

- Please call if you need anything else. 뭐든 필요하면 전화 주세요.

- It was nice talking to you. 통화 즐거웠어요.

- Thank you for calling. Have a nice day 전화 줘서 고마워요. 좋은 하루 보내세요.

✧ 무역 회사에서 자주 쓰는 이메일 표현

홍 보 ∿∿∿∿∿∿∿∿∿∿∿∿∿∿∿∿∿∿∿∿∿∿∿∿

- This item is economical and practical. 이 아이템은 경제적이고 실용적입니다.

- We guarantee prompt delivery. 신속 배송을 보장합니다.

- We are writing to introduce our new model. 우리의 새로운 모델을 소개하려 합니다.

소 통 ∿∿∿∿∿∿∿∿∿∿∿∿∿∿∿∿∿∿∿∿∿∿∿∿

- Well noted. Thanks. 잘 알겠습니다.

- I think it is out of stock. 품절인 것 같습니다

- I will send the sample to you soon. 샘플 곧 보내드릴게요.

- Well received samples with thanks. 샘플 잘 받았어요.

- I will keep you posted. 진행 상황을 계속 알려줄게요.

- Your order is delayed due to customs clearance. 당신의 오더가 통관 문제로 인해 지연되고 있습니다.

- The shipment will arrive soon. 선적된 것은 곧 도착할 겁니다.

- Please, see the updated schedule we are going to follow. 업데이트된 스케줄 참고하세요.

- Please note that the schedule has been cancelled. 스케줄이 취소되었으니 참고하세요.

- We will keep you updated anything we get. 업데이트 되는 대로 알려드릴게요.

- Please, refer to the attached file. 첨부파일 참조하세요.

- There was a delay due to the long holiday. 긴 연휴로 인해 지연되었습니다.

- Please, contact me if you have any questions. 문의 사항 있으면 연락 주세요.

업무 요청

- Would you please send me the contract? 계약서 좀 보내주시겠어요?

- Can you move up the shipping schedule? 선적 스케줄을 당길 수 있나요?

- I would like to receive the details. 세부 사항을 받고 싶습니다.

- I want to check the repeat order. 재주문한 것을 체크하고 싶습니다.

- Is it ok to change the color? 컬러를 바꿔도 되나요?

- When can I expect the new order? 신규 오더는 언제 가능할까요?

- Could you send me a report ASAP, if possible? 가능한 한 빨리 보고서를 보내주실래요?

- Please send us the bank slip. T/T 송금 영수증 보내주세요.

- Could you go through my offer? 내 제안을 검토해 주시겠어요?

- I will schedule the meeting soon. 곧 회의를 잡겠습니다.

- let's have a conference call tomorrow. 내일 화상회의합시다.

- Keep me posted, please. 어떻게 진행되는지 알려주세요.

- Can you let me know the schedule? 스케줄 좀 보내주세요.

- Could you revise the details? 세부 사항을 수정해 주시겠어요?

- Please email me back ASAP. 가능한 한 빨리 이메일 답변 주세요.

- Do you have any more in stock? 재고가 더 있나요?

- When do I expect to receive the shipment? 선적된 것을 언제 받을 수 있을까요?

- I am writing to request some changes to our contract. 우리 계약서에서 몇 가지 바꾸기를 요청하기 위해 이 글을 씁니다.

협 상

- That's exactly what I am thinking. 정확히 내 생각과 같아.
- How about 3 percent? 3% 어때?
- 5 percent would be much better. 5%가 훨씬 낫겠네요.
- What kind of discount could you offer? 몇 퍼센트 할인할 수 있어요?
- I am with you. 동의합니다.
- I will accept that offer. 그 제안 수락할게요.
- I would like to accept the offer. 그 오퍼를 받아들이겠습니다.
- We will release the B/L to you once we receive the payment. 대금이 완료되면 B/L을 발급하겠습니다.
- Could you send me your best price? 당신이 생각하는 좋은 가격을 보내주시겠어요?
- I will get back to you after reviewing. 검토 후 연락드릴게요.
- All the cost required for this will be paid by us. 이번 건에 대한 모든 비용은 우리가 부담할 것입니다.
- Please don't hesitate to contact me if you have any questions. 궁금한 부분이 있다면 언제든 연락 주세요.

사 과

- Sorry to trouble you. 귀찮게 해서 미안해요.

- Sorry for the delay reply. 답변이 늦어 죄송합니다.

- I apologize you for the mistake. 실수에 대해 사과드립니다.

- I am writing to inform you about our mistake. 우리의
  실수에 대해 알려드리려고 합니다.

- Sorry that this has happened. 이런 일이 발생해 죄송합
  니다.

- Please, understand our situation and kindly accept
  our offer. 상황을 이해해 주시고 우리 제안을 수락해 주십
  시오.

감 사

- Thanks in advance. 미리 감사드려요.

- Thanks for your message. 메일 감사해요.

- Thanks for your cooperation. 협조에 감사드립니다.

- Thank you for your feedback. 피드백 주셔서 감사합니다.

- Thank you for your prompt reply. 빠른 회신 감사드립니다.

- Thank you for contacting us. 연락해 주셔서 감사합니다.

- Thanks for your understanding. 이해해 주셔서 감사합니다.

- Thank you for your interest in our product. 우리 제품
  에 관심을 가져주셔서 감사합니다.